Ihr Nachkommen
seines Dieners Israel,
erinnert euch an die

Wunder,

die er vollbracht hat!
Ihr Kinder und Enkel von Jakob,
die er auserwählte,
denkt an all seine mächtigen
Taten und Urteile!

1. Chronik 16,12–13

ALLTAGS

Wunder

GESCHICHTEN

Ellen Nieswiodek-Martin (Hg.)
Alltagswundergeschichten

Über die Herausgeberin:

Ellen Nieswiodek-Martin ist seit 2014 Chefredakteurin der Zeitschrift LYDIA. Sie hat mehrere Bücher herausgegeben, ist verheiratet und Mutter von sechs Kindern. In ihrem Berufsleben sowie privat hat auch sie schon größere und kleinere Wunder mit Gott erlebt.

Inhalt

Vorwort: Wunder gibt es immer wieder …

Ein Wunder kann man nicht planen, es passiert einfach. Und immer ist es etwas Erstaunliches und Außergewöhnliches. Ein Wunder ist ein Ereignis, dessen Zustandekommen man sich nicht erklären kann. Logik und menschliche Vernunft können es nicht einordnen. Das macht Wunder so faszinierend und geheimnisvoll.

In der Bibel gibt es zahlreiche Geschichten, in denen Gott Wunder geschehen lässt. Aber tut er das auch heute noch? In unserer modernen Gesellschaft, in der wir meinen, alles rational erklären zu können?

Vor vielen Jahren gab es einen deutschen Schlager über Wunder. Im Jahr 1970 schaffte er es sogar auf den dritten Platz *des Eurovision Song Contests* – offensichtlich war und ist die Sehnsucht nach Wundern sehr vielen Menschen vertraut. Der Refrain des Lieds lautete so:

> *„Wunder gibt es immer wieder.*
> *Heute oder morgen*
> *können sie geschehn.*
> *Wunder gibt es immer wieder.*
> *Wenn sie dir begegnen,*
> *musst du sie auch sehn.“* [1]

Dass wir Wunder erkennen, wenn sie uns in unserem Umfeld „begegnen", dazu will auch dieses Buch ermutigen. Nicht immer sind es große Ereignisse, manchmal kommen

---

1 Aus dem Song „Wunder gibt es immer wieder" von Katja Ebstein. © Writers: Carsten Gerlitz / Christian Bruhn / Guenter Loose)

Wunder auch eher klein und unscheinbar daher. Doch immer laden sie zum Staunen, zum Freuen und zu Dankbarkeit über unerwartete Hilfe, überraschende Geschenke oder Gebetserhörungen ein. Das haben die rund 40 Autorinnen selbst erlebt.

Ja, Gott tut auch heute noch Wunder! Immer wieder. Und auf eine Art, wie wir es uns nicht ausdenken können.

Vielleicht halten Sie selbst nach Wundern in Ihrem eigenen Leben Ausschau und nutzen die freien Seiten am Ende der einzelnen Kapitel, um diese festzuhalten.

Ich wünsche Ihnen viel Freude und WUNDERschöne Lesestunden!

Ihre Ellen Nieswiodek-Martin

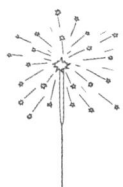

Einleitung: Wunder sehen lernen

Ich stelle mir vor, wie ich auf einem Hochsitz kauere, ein schwarzes Fernglas an meine Augen gepresst, und Ausschau halte nach Wundern. Doch so sehr ich meine Umgebung auch abscanne – es ist keins in Sicht! *Wunder geschehen vor allem woanders*, denke ich. Spektakuläre Heilungen in Afrika, Bewahrung in letzter Minute in der Untergrundkirche in Nordkorea. Aber so ein richtiges schönes Wunder, das gibt es doch kaum noch – nicht hier bei mir, nicht in meinem Alltag! „Stell dein Fernglas schärfer und richte es auf die Herzen", höre ich Gott da zu mir reden. Statt weiterhin auf das Äußerliche und Auffällige zu achten, konzentriere ich mich nun auf das Innere, auf die Veränderung, die sich unscheinbarer vollzieht. Und bin baff.

Da ist eine junge Frau, die ihre Ehe aufgegeben hat und mit dem Gedanken spielt, die Scheidungspapiere zu unterschreiben. An einem Nachmittag läuft sie bedrückt durch den Park und betet, dass jemand sie aus ihrer Niedergeschlagenheit herausholt. Da trifft sie einen älteren Bekannten, der sie herzlich begrüßt, sich Zeit für sie nimmt und einen Satz sagt, der sie mitten ins Herz trifft. Nein, äußerlich hat sich nichts verändert, doch nun weiß sie wieder, dass es einen Gott gibt, und mit ihm zieht Hoffnung in ihr Herz ein.

Da ist ein Ehepaar, das sein erstes Kind erwartet. Voller Freude malen die beiden sich aus, wie die Zeit zu dritt werden wird. Doch als ihr Baby auf der Welt ist, verbringen sie die ersten Monate bangend und angstvoll in der Klinik, statt Stunden voller Glück zu Hause zu erleben. Kaum scheint eine Komplikation überwunden, taucht die nächste auf. In seinem kurzen Leben muss ihr Kind schon sehr viel durchmachen und wird für seine Zukunft gezeichnet sein. Als ich mich mit der Mutter treffe und wir über Vertrauen reden, sagt sie: „Ich habe nie daran gezweifelt, dass Gott es gut mit uns meint!"

Ein gestandener Mann, der sich bisher mehr für das Leben auf der Überholspur interessiert hat, lernt eine Tochter aus christlichem Elternhaus kennen. Durch die Begegnung mit ihr und ihrer Familie wird er neugierig auf Gott. Eines Sonntags kommt er mit in den Gottesdienst und hat seitdem kein einziges Mal gefehlt. Vor ein paar Wochen hat er öffentlich bekannt: „Ja, ich möchte zu Jesus Christus gehören!" und sich taufen lassen.

Wunder. Vor meinen Augen. Und ich habe sie nicht gesehen. Ich fühle mich wie Hiob, der ausruft: „Herr, ich kannte dich nur vom Hörensagen, jetzt aber habe ich dich mit eigenen Augen gesehen!" (Hiob 42,5).

Vielleicht ist die Frage nicht so sehr, warum Gott in manchen Situationen scheinbar spektakulärere Wunder tut als in anderen, sondern eher, ob wir gelernt haben, mit unseren Augen das zu sehen, was um uns herum passiert. Denn Gottes Wunder geschehen – hier bei mir, in meinem Alltag – am laufenden Band.

Saskia Barthelmeß

KAPITEL 1

Bewahrt

Engel unter dem Lastwagen

Der Tag begann wie viele andere. Der Morgenspaziergang mit dem Hund beflügelte mich. Danach radelte ich wie jeden Dienstag von Triangel nach Platendorf. Dort trifft sich ein kleiner Kreis unserer Kirchengemeinde zum Reden und Beten. Auf dem Rückweg bemerkte ich einen Kiestransportlaster, der aus einer Seitenstraße kommend anhielt, weil er nach rechts abbiegen und den vorfahrtsberechtigten Verkehr der Hauptstraße passieren lassen wollte. Dazu gehörte auch ich, denn der kreuzende Radweg war rot markiert.

Hier erlebte ich den größten Schrecken und das größte Wunder meines Lebens. In dem Moment, in dem ich mich genau vor dem Laster befand, fuhr der Fahrer wieder an! Ich rutschte unter das Fahrzeug und mein Fahrrad lag halb auf mir. Ich schrie, ich betete und mir war klar: *Hier kommst du nicht raus!* Die großen Räder bewegten sich nach vorn, einen Meter vor mir. Dann Stille. Hilfe kam. Der Fahrer zog zuerst mein Fahrrad, dann mich unter dem LKW hervor ins Freie. „Ich habe Sie nicht gesehen!", sagte er zutiefst erschrocken.

„Toter Winkel", wie oft hatte ich das schon gehört oder gelesen. Zu den Zeugen gehörte ein guter Bekannter, umsichtig verständigte er sofort meinen Mann, die Polizei, den Krankenwagen. Ich stand da und fand diese Reaktion übertrieben. Mir fehlte doch nichts! Mein leicht lädiertes Fahrrad konnte ich doch nach Hause schieben.

Dann ging alles sehr schnell, bald saß ich im Rettungswagen einer Notärztin gegenüber. Die kleine Wunde am Arm könnte auf eine tiefere Verletzung hindeuten. „Erzählen Sie doch noch mal, was passiert ist. Sie lagen also unter diesem LKW?" Ungläubige Blicke. „Wir bringen Sie ins Krankenhaus zur gründlichen Untersuchung."

Während der Fahrt hatte ich die Vermutung, dass ich „getestet" wurde. Immer und immer wieder fragten die Ärztin und der Sanitäter nach allen möglichen Informationen und dem Datum. Ich spürte, sie konnten nicht glauben, dass ich den Unfall ohne Kopfverletzung oder andere ernste Blessuren überstanden hatte. Der untersuchende Arzt im Klinikum stellte dieselben Fragen. „Sie kamen also aus Richtung Gifhorn." In dem Moment wusste ich, was ich sagen sollte: „Nein, ich kam aus Richtung Platendorf." „So früh?" „Ja, wir treffen uns jeden Dienstagmorgen, um über die Belange unserer Kirchengemeinde zu reden und zu beten." Seine Antwort werde ich nie vergessen: „Dann war Ihr Beten wohl nicht umsonst." Der Arm kam vorsichtshalber in Gips und nach etwa zwei Stunden war ich wieder zu Hause.

Inzwischen hatte die Polizei den Unfall aufgenommen. Uns war der Name des Fahrers bekannt, und ich habe später mit ihm telefoniert. Er ist ein Familienvater mit drei Kindern. Er tat mir so leid, er war tief erschüttert. Auf meine Frage hin, warum er denn, nachdem er sicher war, die Straße sei frei und dann anfuhr, doch noch einmal anhielt, antwortete er: „Mir war, als hätte ich kurz einen Schatten gesehen. Da stieg ich auf die Bremse, um zu sehen, was das wohl sein könnte." Meine Schreie hatte er nicht gehört.

In den nächsten Tagen bestimmte der Unfall unseren Alltag. Wir redeten viel. Langsam glaubte ich zur Ruhe zu kommen. Am dritten Tag, ich lag schon im Bett, überkam mich urplötzlich das blanke Entsetzen. Ein Weinkrampf schüttelte meinen Körper. Mein Mann nahm mich lange fest in seine Arme und tröstete mich. Ich spürte wieder diese Todesangst: Sekunden, in denen mein Leben am seidenen Faden hing; hilflose Schreie; Gedanken… Ganz langsam konnte ich begreifen, dass ich lebe. Wir sagen gern: „Da hatte ich einen Schutzengel!", aber ich bin fest überzeugt, es waren mehrere. Mein Mann, die Familie, liebe Freunde und ich haben Gott gedankt. Er hat seine Engel geschickt. Seitdem hängt der Vers aus Psalm 91 in unserer Küche: „Denn er befiehlt seinen Engeln, dich zu behüten auf all deinen Wegen."

In diesem Jahr jährt sich der Tag des Unfalls zum zehnten Mal. Es berührt mich immer noch. Ich kann nur danken für die geschenkten Jahre, die ich erleben darf.

Grietje Credé

Das Unwetter

Der Tag war anstrengend und heiß gewesen. Mein Mann und unsere beiden Söhne hatten bei brütender Hitze an einem Lauf-Event teilgenommen und saßen nun auf der Heimfahrt erschöpft im Auto, als bereits riesige Tropfen vom pechschwarzen Himmel fielen. Das Unwetter über Heilbronn war nicht zu übersehen – der Sturm peitschte riesige Bäume hin und her, und wir beeilten uns, mit dem Auto nach Hause zu kommen. Als ich in der Küche das Abendessen vorbereitete, drangen merkwürdig gurgelnde Geräusche aus dem Abfluss der Spüle, die mich Böses erahnen ließen. Draußen regnete es jetzt so stark, dass man die Nachbarhäuser nicht mehr erkennen konnte, obwohl sie nur wenige Meter entfernt stehen.

Besorgt ließ ich das Essen stehen und rannte die Treppe in den Keller hinunter. In der Waschküche hatte sich schon eine große Pfütze gebildet, weil das Wasser aus dem Ablauf für die Waschmaschine hochkam, während es gleichzeitig von oben aus den Rohren tropfte. In unserem Gewölbekeller spritzte das Wasser aus einem Rohr in der Wand wie aus einer Duschbrause in alle Richtungen, im Vorraum kam es einfach durch die Wand gelaufen. Panisch rief ich meinen Mann um Hilfe. Gemeinsam brachten wir schnell ein paar Sachen in Sicherheit. Mehr konnten wir im Augenblick nicht tun – das Wasser war nicht aufzuhalten.

Ich rief unsere Nachbarin an, um zu fragen, wie es bei ihnen aussah. „Unser Keller läuft voll Wasser und euer Baum liegt in unserem Garten!", rief sie voller Panik. Ich dachte, sie würde einen schlechten Witz machen. Vorsichtig öffnete ich die Haustür, denn noch immer tobte der Sturm über uns. Mir bot sich ein Bild der Verwüstung. Unser neun Meter hoher Ahornbaum aus dem Vorgarten stand nicht mehr an seinem Platz, sondern lag abgeknickt über dem Zaun und reichte bis in den Hof der übernächsten Nachbarn. Schnell schloss ich die Tür wieder und eilte ins Wohnzimmer, wo unsere beiden Jungs vor Angst zitterten. Wir nahmen sie fest in die Arme. Während draußen das schwerste Unwetter tobte, an das ich mich erinnern kann, saßen wir Vier auf dem Sofa, riefen in unserer Not zu Gott um Hilfe und baten ihn um Schutz.

Jesus selbst hatte im Sturm auf dem See Genezareth dem Wind und den Wellen befohlen, sich zu beruhigen, und sie taten es sofort. Als ich mich daran erinnerte, erfüllte mich großer Glaube, und so betete ich, dass das Unwetter aufhören solle. Tatsächlich dauerte es keine fünf Minuten, da wurde der Regen schwächer und verschwand allmählich ganz. Mein Mann meldete aus dem Keller, dass das Wasser an allen Stellen aufgehört hatte zu steigen.

Während den Nachbarn bergauf die Keller bis zu einem halben Meter mit Wasser vollgelaufen waren, hatten sich bei uns nur Pfützen gebildet, die wir wieder aufwischen konnten. Abgesehen von einem unangenehmen muffigen Geruch im Keller war uns kein Schaden entstanden. Unser Ahornbaum war zehn Zentimeter neben dem Auto der Nachbarn zum Liegen gekommen und hatte auf einer Länge von neun Metern außer einer Zaunlatte nichts beschädigt. Für uns sah es so aus, als wäre er von Gottes Engeln ganz sorgsam abgelegt worden.

Das Unwetter hatte übrigens auch etwas Gutes: Da die Feuerwehr völlig überlastet war, mussten unsere Nachbarn selbst dafür sorgen, das Wasser aus den Kellern zu bekommen. Bis in die Nacht hinein halfen wir uns gegenseitig mit Eimern, Pumpen und Wassersaugern. Selbst Nachbarn, die sich in letzter Zeit von den anderen abgeschottet hatten, packten nun tüchtig mit an. Es entstand ein stärkeres Zusammengehörigkeitsgefühl untereinander und das Klima in unserer Nachbarschaft hat sich deutlich verbessert.

Wir können nur staunen, wie sehr Gott uns in diesem Unwetter bewahrt hat, und sind auch dankbar dafür, dass wir nun die Schwachstellen des Hauses kennen. Für das nächste Unwetter können wir besser vorsorgen.

Sarah Mittelstädt

Ruhe nach dem Knall

An einem späten Herbstnachmittag bekam ich einen Anruf mit der Bitte, einige Kisten für einen Büchertisch am selben Abend abzuholen. Die eigentlich beauftragte Person war plötzlich krank geworden. Also holte ich meine beiden kleinen Jungen von ihrem friedlichen Spiel und stieg mit ihnen ins Auto. Dem Jüngsten gefiel das gar nicht. Kaum befanden wir uns auf einer vierspurigen Straße, begann er lauthals zu schreien. Sein größerer Bruder schnitt lustige Grimassen, um ihn davon abzuhalten, doch der Kleine kreischte nur in einer noch höheren Tonlage.

Anzuhalten war im dichten Nachmittagsverkehr unmöglich. Langsam geriet ich trotz der kühlen Außentemperaturen ins Schwitzen. Ich warf einen kurzen Blick in den Rückspiegel zu meinen beiden Kindern und schon krachte es. Unser Auto prallte mit voller Wucht in den vor uns fahrenden Wagen. Als ich die Automarke sah, wusste ich: Das wird teuer!

Da stieg schon eine elegant gekleidete Dame aus und schrie noch lauter als mein Sohn auf dem Rücksitz. Verständlicherweise war sie sehr erregt. Ich war umgeben von hupenden Autos, durcheinanderrufenden Menschen, einem kreischenden Baby, einer erzürnten Frau und einem Vierjährigen, der laut fragte: „Mama, warum bist du mit dem Auto vor uns zusammengestoßen?" Die Situation war grotesk und mir war einfach zum Heulen zumute. Ein richtiger Albtraum!

Mitten in diesem Wirrwarr trat wie aus dem Nichts ein junger Mann direkt auf die vierspurige Fahrbahn. Er beruhigte die Situation binnen kurzer Zeit und zeigte der Frau vor mir, dass an ihrem Auto wie durch ein Wunder nichts geschehen war. Dann gebot er den anderen Autofahrern in Ruhe, wieder in ihre Autos einzusteigen und meinte laut zu der Dame: „Sehen Sie nicht, dass diese junge Frau nichts Böses wollte? Sie hat zwei kleine Kinder und sicher einen wichtigen Weg. Sonst wäre sie nicht um diese Zeit auf dieser stark befahrenen Straße unterwegs. Da kann schon einmal etwas passieren, aber es ist ja nichts und niemand zu Schaden gekommen! Gute Fahrt!" Ohne ein weiteres Wort stieg die Frau in ihren Wagen und fuhr davon. Als ich mich bei dem freundlichen jungen Mann bedanken wollte, war er plötzlich wie vom Erdboden verschluckt. Rasch stieg auch ich wieder in mein Auto und fuhr zur Buchhandlung.

Wer war dieser Mann? Ich weiß es bis heute nicht. Eines ist aber gewiss: Ihn schickte der Himmel! Dieses Erlebnis erinnert mich in Zeiten der Entmutigung: Gott ist da! Mitten im Alltag. Er hilft mir, auch wenn ich einen Fehler mache. Mir wurde ein Helfer gesandt, der die Wogen glättete und einer überforderten Mutter half. Wir haben einen wunderbaren Gott!

Roswitha Wurm

Bewahrung in großer Gefahr

Täglich bin ich, wie so viele andere auch, mit dem Auto unterwegs. Manchmal fahre ich weite Strecken über mehrere Stunden und ein andermal habe ich mein Ziel schon mit wenigen Fahrtkilometern erreicht. Ich fahre gerne Auto, bin aber auch zufrieden und froh, wenn alles reibungslos funktioniert und keine Alarmleuchte aufblinkt. Ist der Systemcheck im Display meines mittlerweile 13 Jahre alten Autos okay, starte ich sorglos und fühle mich sicher.

Wie gut, dass es den TÜV gibt, der mich eines Besseren belehrte. Eigentlich passte dieser „lästige" Termin nicht so ganz in meinen Zeitplan, und so war ich froh, dass ich das Auto mitsamt den Unterlagen für die Abnahmestelle meinem Vater übergeben konnte. Er erledigt solche „Dienstfahrten" sehr gerne, wofür ich dankbar bin. Völlig unbedarft habe ich ihm die Schlüssel übergeben und erwartete am Mittag den gewünschten Stempel auf den TÜV-Unterlagen, die mein Fahrzeug als funktionstüchtig ausweisen sollten. Doch weit gefehlt.

Es kam völlig anders als erwartet. Mein Auto erhielt nämlich nicht die erhoffte Prüfplakette, sondern der besorgte Prüfer zeigte meinem Vater eine abgebrochene Schraubenfeder vom Federbein, die in der „Auffangschale" an der Unterseite des Autos gelegen hatte. Hätte sie sich nicht dort platziert und sich beim Abbruch mit ihren scharfen Kanten in den Reifen gebohrt, wäre es zu einem schlimmen Unfall gekommen. Ich hatte irgendwann bei einer Fahrt mal ein Geräusch wahrgenommen, dem aber keine Bedeutung beigemessen. Der Abriss wurde im Display nicht angezeigt. Mein Vater hielt mir nach seiner Rückkehr, mit Tränen in den Augen, die abgebrochene Feder entgegen. Ich war sprachlos. Ich hatte mich so sicher gefühlt, obwohl ich mich schon längere Zeit in großer Gefahr befunden hatte.

Gott ist ein großer „TÜV", dem nichts entgeht. Er hat auf mich aufgepasst und behält selbst eine defekte Feder im Blick. Dieses Erlebnis hat mich tief beeindruckt und lässt mich wieder dankbar werden. Gott hält täglich seine schützenden Hände über uns und verliert uns nicht aus seinem Blickfeld, auch wenn wir uns vermeintlich so sicher fühlen.

Die Schraubenfeder hat ihren festen Platz im Kofferraum gefunden. Sie ist für mich ein sichtbarer Beweis für Gottes treue Hilfe und seine Bewahrung. Nach der Reparatur hat mein Auto auch seinen amtlichen Stempel erhalten. Aber wirklich sicher sind wir nur mit dem „Bewahrungssiegel" unseres Schöpfers.

Birgit Ortmüller

Der Tag, an dem mein Herz stillstand

Wie jeden Tag machte ich mich fertig, um zur Arbeit zu fahren. Neben meiner Eingangstür an der Wand hängt ein Abreißkalender mit Bibelversen. Ich riss das Blatt vom gestrigen Tag ab und las auf dem neuen Blatt: „Geh hin in dein Haus zu den Deinen und verkünde ihnen, wie viel der Herr an dir getan hat" (Markus 5,19). In diesem Moment ahnte ich nicht, welche Bedeutung dieser Vers an jenem Tag und in den nächsten Monaten und Jahren für mich haben sollte.

Es war ein anstrengender Tag und meine Arbeit als Verwaltungsangestellte ging mir nicht leicht von der Hand. Um kurz vor 17 Uhr war ich froh, bald heimfahren zu können, um mich zu entspannen. Was dann geschah, weiß ich nur aus Erzählungen meiner Kolleginnen. Ich saß auf meinem Bürostuhl und hatte plötzlich eine Schnappatmung. Kurz darauf fiel ich vom Stuhl. Meine Kollegin wählte sofort den Notruf. Wenige Minuten später eilten die Sanitäter zur Tür herein. Sie hatten den Notruf gehört, als sie gerade an unserer Zulassungsbehörde vorbeigefahren waren! Auch der Notarztwagen befand sich in unmittelbarer Nähe. Ich hatte akutes Herzkammerflimmern mit über 300 Herzschlägen in der Minute. Die Ersthelfer versuchten, das mit dem Defibrillator in den Griff zu bekommen. Kurz darauf bekam ich einen Herzstillstand. Mit Herzdruckmassage und Medikamentengabe wurde um mein Leben gekämpft.

Nach etwa 45 Minuten Reanimation stellte sich mein Herzrhythmus wieder ein und ich wurde ins künstliche Koma versetzt. Als ich nach draußen zum Krankenwagen gebracht wurde, sagte der Notarzt zu meinen Kollegen, dass ich entweder auf dem Weg zum Krankenhaus sterben oder lebenslang geistig behindert sein würde.

Nach drei Tagen auf der Intensivstation wachte ich auf. Ich konnte mich an fast alles erinnern. Ich wusste auch, was Gott Großes an mir getan hatte. Auf meinem Nachttisch lag eine Bibel. Die Krankenschwester sprach mich daraufhin an, ob ich Christ sei. Es stellte sich heraus, dass auch sie an Jesus glaubte und die erste Person gewesen war, die mich auf der Intensivstation in Empfang genommen hatte. So liebevoll sorgte Gott für mich.

Ich musste vier Wochen im Klinikum bleiben. Während dieser Zeit erzählte ich voller Freude und Ergriffenheit, was Gott an mir getan hatte. Als ich nach Hause kam, fiel mein Blick auf das Kalenderblatt an der Wand. Da wurde mir bewusst, dass ich genau diesen Auftrag ausgeführt hatte, ohne mich an ihn erinnert zu haben. Ich musste mich erst mal hinsetzen und weinte.

Einige Zeit später kam ein Redakteur unserer Tageszeitung auf mich zu und wollte ein Interview mit mir machen. Seine Hauptfrage war, ob ich ein Licht oder einen Tunnel gesehen hätte, als ich leblos am Boden lag. Ich verneinte und sagte, dass das nicht wichtig sei. Wichtig sei nur, dass man weiß, wo man hinkommt, wenn man stirbt, und was danach kommt. Dass man Jesus als seinen Herrn und Erlöser annimmt. So habe ich ihm von Jesus und seiner Liebe erzählt. Leider wurde das nicht so ausführlich in der Zeitung abgedruckt. Aber doch konnten viele Menschen lesen, was Gott für mich getan hatte.

Einige Monate später bedankte ich mich persönlich bei meinen Lebensrettern. Meine ältere Tochter fragte mich, warum die Sanitäter mich so lange reanimiert und nicht irgendwann aufgehört hätten. Diese Frage gab ich an meine Retter weiter. Sie antworteten, sie wüssten es selbst nicht. Sie hätten einfach nicht aufhören können. Früher hatte ich Hemmungen gehabt, anderen von Jesus zu erzählen. Das machte mich oft traurig. Aber seit dem Tag meines neuen Lebens freut es mich immer wieder, den Menschen von diesem Wunder zu berichten.

Claudia Köllnberger

Kleines oder großes Wunder?

Vor einigen Jahren wurden bei mir eine Autoimmunerkrankung sowie ein „kalter" Knoten an der Schilddrüse diagnostiziert. Seit diesem Zeitpunkt steht eine jährliche Kontrolluntersuchung mit Ultraschall in meinem Kalender, da dieser Knoten überwacht werden muss. Er könnte sich vergrößern oder zu einem Tumor entwickeln und müsste dann operativ entfernt werden.

Jedes Jahr, kurz vor dem Termin, machen sich Sorgen und Ängste in mir breit, obwohl ich genau weiß, dass Gott mich durch alle Situationen trägt und ich ihm hundertprozentig vertrauen kann. Trotzdem kann ich wirre Gedanken wie „Was ist, wenn die Ergebnisse dieses Mal nicht in Ordnung sind?" nicht komplett aus meinem Kopf streichen.

Vor wenigen Tagen stand wieder einmal der besagte Termin in meinem Kalender und ich machte mich auf den Weg zur Ärztin. Mit einem etwas mulmigen Gefühl fuhr ich zur Arztpraxis, betete und hoffte inständig, dass an meiner Schilddrüse alles unverändert wäre, wie in den letzten Jahren auch. Wie gewohnt führte die Ärztin die Ultraschalluntersuchung durch, nahm die Messungen des Knotens vor und wiederholte dies mehrmals. *Warum braucht sie heute so lange?*, schoss es mir durch den Kopf. *Und warum misst sie alles dreimal nach?* Irgendwie war alles anders als bei den vergangenen Terminen und ich konnte die Situation nicht richtig einschätzen.

Nachdem die Untersuchung beendet war, schaute die Ärztin meine Daten und den Krankheitsverlauf am Computer genau an und erklärte: „Ihr Knoten ist um die Hälfte geschrumpft, von 2,6 cm auf 1,3 cm. Ich habe mehrfach nachgemessen, weil ich es nicht glauben wollte. Das kommt sehr selten vor, dass ein Knoten schrumpft, und warum das geschieht, kann ich Ihnen auch nicht sagen. Auf alle Fälle ist das der bestmögliche Verlauf, den man sich wünschen kann."

Ich freute mich riesig, war unendlich dankbar und erleichtert. Dieses scheinbar kleine Wunder von 1,3 cm Minimierung war für mich ein großes Wunder! Ein Wunder, das mir wieder einmal zeigte, wie gut unser Schöpfer alles unter Kontrolle hat und dass ich ihm oftmals viel zu wenig zutraue.

Etwas beschämt fielen mir die Worte aus Johannes 16,24 ein: „Bis jetzt habt ihr noch nichts in meinem Namen erbeten. Bittet nur – ihr werdet es bekommen. Und dann wird eure Freude vollkommen sein." Warum vergesse ich im Alltag so oft, mit allen Bitten zu Jesus zu kommen und meine Sorgen abzugeben? Ich will darauf vertrauen, dass er kleine und große Wunder schenken kann, wann immer er will.

Carolin Schmitt

Sturz vom Balkon

Unsere kleine Tochter Mona (1 Jahr und 9 Monate) spielte auf dem Balkon. Auf einmal hörte ich ein dumpfes Geräusch, lief raus… Die Kleine lag regungslos unten bei den Nachbarn auf der Terrasse. Sie war auf einen Stuhl geklettert, um nach den Nachbarn unten zu schauen, und hatte dann das Gleichgewicht verloren.

Endlich kam der Krankenwagen. Das CT zeigte, dass sie Hirnblutungen hatte und ihr Schädel bis auf einen ca. zwei cm breiten Streifen von einem Ohr zum anderen geplatzt war. Auf der Intensivstation durft en wir dann endlich zu ihr. Sie lag ruhig da und schlief. Eine völlig ungewisse Situation… Wird sie aufwachen, was kann sie noch, was nicht, wird sie uns erkennen? Aber Gott schenkte uns übernatürliche Ruhe. Unsere Tochter war in seiner Hand sicher und er würde nur das Beste zulassen.

Als sie endlich aufwachte, war sie sehr schwach, erkannte uns aber und konnte auch reden. Der Arzt meinte, sie sei wahrscheinlich direkt auf dem Kopf aufgekommen. Der Rest des Körpers sei jedoch unversehrt – kein Bruch, keine Schürfwunde, kein Bluterguss. Äußerlich sah man ihr nichts an.

In den nächsten Tagen sank ihr Hämoglobin-Wert bedenklich tief. Die Ärzte befürchteten, dass sie innerlich blutete. Sie konnten nicht feststellen, warum der Wert sank. Die Ärzte wussten sich keinen Rat und machten das dritte CT. Dies zeigte eine Blutung zwischen Schädel und Kopfhaut. Dies war unbedenklich, da das Blut abfließen konnte. Viel gefährlicher wäre eine Blutung ins Innere.

Langsam stieg der HB-Wert wieder und Mona kam zu Kräften. Keine einzige Befürchtung der Ärzte traf ein – weder Tod noch Behinderung, starkes Erbrechen, Krämpfe, Koma… Es waren so viele Wunder, die wir in dieser kurzen Zeit erlebt haben. Gott hat uns regelrecht sprachlos gemacht.

Durch die vielen Gebete unserer Glaubensgeschwister waren wir innerlich so stark und ruhig. Es war vor allem für unsere Nachbarn und Arbeitskollegen ein starkes Zeugnis der Existenz Gottes.

Als unsere Kleine aus dem Krankenhaus entlassen wurde, ließen wir sie von einem Masseur einmal komplett durchchecken. Bis auf ein paar Kleinigkeiten war alles in Ordnung. Der Masseur meinte, er könnte den schweren Sturz an ihrem Körper überhaupt nicht nachvollziehen. Er konnte es kaum glauben, dass sie drei Wochen zuvor noch in Lebensgefahr geschwebt hatte.

Heute ist unsere Mona sieben Jahre alt und hat keinerlei Folgeschäden von dem Unfall. „Das ist vom HERRN geschehen und es ist ein Wunder vor unseren Augen!" (Psalm 118, 23)

Vanessa Fast

Ich schenke euch ein neues Herz

Silvester 2016. Am Nachmittag des letzten Tages im Jahr ist mein Vater nachmittags unterwegs, um Besorgungen zu machen. Er hält an der Tankstelle, um den Reifendruck seines Autos zu überprüfen. Plötzlich bricht er zusammen. Weil er am Boden liegt, wird eine Kundin auf ihn aufmerksam. Er ringt nach Luft. Während die Frau sich noch um ihn bemüht, verliert er das Bewusstsein. Herz-Kreislaufstillstand! Die Kundin beginnt mit Herzdruckmassage. In der Zwischenzeit kommen Mitarbeiter der Tankstelle hinzu und verständigen den Rettungsdienst. Kurze Zeit später sind Notarzt und Sanitäter bereits da und setzen die Reanimation fort. Mit Erfolg – mein Vater ist bewusstlos, aber er lebt. Per Rettungswagen kommt er in die Uniklinik.

Währenddessen wird meine Mutter angerufen und informiert. Im Krankenhaus stellt man mittels Herzkatheter-Untersuchung fest, dass mein Vater einen doppelten Herzinfarkt hatte, an Vorder- und Hinterwand. Er bekommt drei Stents gesetzt. Die Ärzte fahren seine Körpertemperatur auf 33° herunter und verlängern seine Bewusstlosigkeit, indem sie ihn ins künstliche Koma versetzen.

Nun heißt es für meine Mutter und uns Kinder abwarten. Die Ärzte teilen meiner Mutter mit, dass zwei Tage später versucht werden soll, den Aufwachprozess zu starten und dass man nicht sagen kann, wie dieser verlaufen wird. Wir sollen uns auf alles gefasst machen, positiv wie negativ. Der erste Tag des neuen Jahres verläuft ereignislos und ungewiss. Banges Warten. Jeder versucht die Frage „Was ist, wenn…?" nicht zu denken.

An dem Abend, an dem im Krankenhaus der Aufwachprozess eingeleitet wird, fällt mein Blick zu Hause auf einen neuen Kalender, der noch von Weihnachten auf dem Tisch steht. Ich stutze – die Jahreslosung 2017 schaut mir ermutigend entgegen: *„Ich schenke euch ein neues Herz und lege einen neuen Geist in euch"* (Hesekiel 36,26). Spontan mache ich ein Foto davon und schicke es meiner Mutter und meiner Schwester mit der Bemerkung: „Da bekommt die Jahreslosung eine ganz neue, wörtliche Bedeutung…" Tief in mir habe ich ganz leise das Gefühl, dass alles gut wird.

Am nächsten Morgen ist es so weit. Die Körpertemperatur meines Vaters wurde über Nacht langsam wieder gesteigert und die Schlafmittel verringert. Meine Mutter bekommt einen Anruf des Personals: Er ist wach! Wir warten alle auf der Intensivstation, bis wir in sein Zimmer dürfen. Und siehe da, er kann sich zwar kaum bewegen und nicht sprechen, aber er atmet selbstständig und scheint uns zu erkennen! Da wir gebeten werden, zu Anfang nicht lange bei ihm zu bleiben, müssen wir bald wieder nach Hause gehen – erleichtert über diesen zwar ungewohnten, aber dennoch guten ersten Eindruck.

Am folgenden Tag wird meine Mutter vom Telefon geweckt. Eine Krankenschwester ruft an, weil mein Vater nach seiner Frau gefragt hat! Als meine Mutter bei ihm eintrifft, sitzt er in einem Rollstuhl und hat sogar ein kleines Frühstück verabreicht bekommen. Er hat zwar Wortfindungsstörungen, die Feinmotorik funktioniert nicht und sein Kurzzeitgedächtnis ist eingeschränkt. Aber es ist erstaunlich, wie es von diesem Tag an bergauf geht. Auch die Ärzte sind überrascht, wie schnell sich mein Vater in den folgenden Tagen erholt. Beinahe schneller als uns lieb ist, läuft er wieder selbstständig herum; es fällt ihm von Tag zu Tag leichter, sich auszudrücken; er kann wieder allein essen und trinken und nach und nach kehren auch seine Erinnerungen zurück. Nur an Silvester und die Zeit auf der Intensivstation kann und wird er sich nie erinnern. Aber dafür kann man ja eigentlich nur dankbar sein. Bereits nach zwölf Tagen wird er aus dem Krankenhaus entlassen! Vier Tage später beginnt sein Reha-Aufenthalt.

Heute, einige Wochen später, ist die Reha abgeschlossen und mein Vater wieder zu Hause. Durch die Reanimation waren ihm Rippen gebrochen und als Folge davon bekam er eine Lungenentzündung. Jedes Husten und jede Bewegung tun ihm weh. Und natürlich fühlt er sich noch schwach und müde. Er ist auch sichtbar etwas gealtert, aber in Anbetracht dessen, was passiert ist, geht es ihm erstaunlich gut.

Meine Mutter empfindet im Nachhinein für die Situation Folgendes: dass Gott für diesen Fall die gnädigste Variante zugelassen hat. Dass sehr viele Gebete erhört wurden. Und dass viele kleine Wunder passiert sind. Dazu zählt, dass sofort entsprechende Hilfe vor Ort war, um meinen Vater zu reanimieren. Es hat sich hinterher herausgestellt, dass die Frau, die im wahrsten Sinn des Wortes so beherzt geholfen hat, eine Arzthelferin ist, die meine Eltern sogar flüchtig kennen. Und als „Sahnehäubchen" obendrauf hat Gott es geschenkt, dass alle Mitwirkenden in dieser Geschichte auch noch gläubig sind! Als die Helferin hinterher davon erfuhr, sagte sie zu meinen Eltern, sie freue sich nun doppelt, dass sie meinem Vater helfen konnte.

Außerdem war das kalte Wetter zum Zeitpunkt des Geschehens ein Segen. Es herrschten nämlich Minusgrade, die die beste Voraussetzung waren, als mein Vater auf dem kalten Boden lag, um die Körpertemperatur herabzusetzen, da so sein Gehirn vor Schäden geschützt wurde. Des Weiteren ist es erstaunlich, dass der Aufwachprozess so reibungslos verlief, die Genesung so ungewöhnlich schnell ging und keinerlei bleibende Schäden zurückgeblieben sind.

Während mein Vater zur Reha war, habe ich über den Vers 13 aus 1. Korinther 10 nachgedacht: *„Keine Versuchung hat euch ergriffen als nur eine menschliche; Gott aber ist treu, der nicht zulassen wird, dass ihr über euer Vermögen versucht werdet, sondern mit der Versuchung auch den Ausgang schaffen wird, sodass ihr sie ertragen könnt."*

Ich habe versucht zu ergründen, was es wohl bedeuten mag, nicht „über unser Vermögen" versucht zu werden. Diese Gedanken kamen mir aus Dankbarkeit dafür, dass Gott es in unserem Fall für richtig hielt, meine Eltern einander noch zu erhalten. Es gibt in meinen Augen weit schlimmere Situationen (Versuchungen), in die ein Mensch geraten kann, und ich hatte das Gefühl, dass wir ja „leicht reden" haben, da alles gut ausgegangen ist. Ich bin aber zu dem Schluss gekommen, dass es sinnlos ist, sich diese Gedanken zu machen. Denn ich war im Grunde „zu spät dran", um diese schönen Worte für uns anzuwenden. Der Vers gilt immer denen, die akut in einer schweren Situation stecken. Dabei ist es egal, wie mehr oder weniger schwer die Lage für Außenstehende erscheint – die Zusage gilt für alle in gleichem Maße: Gott wird uns immer die Kraft geben, die Situation zu ertragen. Auch wenn sie nach menschlichem Ermessen weniger gut ausgeht als unsere. Solange wir „gut reden haben" ist das schwer vorstellbar – aber das ist auch nicht nötig. Wenn Gott es selbst in seinem Wort sagt, dann stimmt es und darf uns Mut machen.

Mein Vater war bis zu dem Tag des Infarktes ein gesunder und aktiver Mann – das ist nun anders. Er muss lernen, sich zurückzunehmen, was ihm und auch seinem Umfeld sicher nicht leichtfallen wird, da es seiner Veranlagung nicht entspricht. Alles langsamer angehen zu lassen und dabei dankbar zu sein, wird eine Herausforderung für ihn werden. Auch für meine Mutter, die diese Diskrepanz auffangen muss. Aber wir dürfen zuversichtlich sein und auch andere in schweren Tagen ermutigen. Denn wir haben erlebt, dass Gott zu seinem Wort steht – in unserem Fall: Ich schenke euch ein neues Herz.

Karin Flanz

Durch große

Wunder

und gewaltige Taten
hat der Herr, euer Gott,
seine Macht gezeigt
und euch mit starker Hand
in die Freiheit geführt.

5. Mose 7,19

MEINE *Wunder* MOMENTE

KAPITEL 2

Beschenkt

Das aufgedrängte Alltagswunder

Neulich war ich im Buchladen. „Suchen Sie etwas Bestimmtes? Kann ich Ihnen helfen?" Die Stimme der Verkäuferin schreckte mich hoch. Ich durchsuchte gerade das Lernspielangebot nach neuen spannenden Spielen. Ein wenig genervt von der Unterbrechung bedankte ich mich und meinte, ich käme allein zurecht. Doch die eifrige Dame ließ nicht locker und fragte mich, wofür ich die Spiele bräuchte. So kamen wir ins Gespräch über meine Arbeit mit Kindern mit Lerndefiziten. Die Verkäuferin war tatsächlich die Geschäftsführerin der großen Buchhandelsfiliale und erzählte mir von ihrer eigenen Erfahrung als Mutter eines Schulkindes. „Lerntraining kombiniert mit spannenden Spielen finde ich toll", meinte sie.

Eine Viertelstunde später verließ ich die Filiale mit einem Sack voller Spiele, deren Kartons eine kleine Delle aufwiesen und die daher nicht mehr verkäuflich waren. Deshalb bekam ich die Spiele von der Geschäftsführerin „mit großer Freude" für meine Therapiekids geschenkt. „Aber nur unter der Bedingung, dass Sie Ihre Telefonnummer hinterlassen, damit ich Ihnen bald wieder etwas zukommen lassen kann!", fügte sie hinzu. „Außerdem würde ich gern Werbung für Ihre Lernpraxis machen."

Erst als ich schwerbeladen in mein Auto stieg, realisierte ich, was soeben passiert war. Dieses kleine Alltagswunder war mir geradezu aufgedrängt worden! Ich wollte eigentlich in Ruhe neue Spiele entdecken und war zunächst beinahe ärgerlich, als mich die eifrige Verkäuferin im Durchsehen der Spiele unterbrach. Und nun fuhr ich mit solch einer Freude und Leichtigkeit in meine Lernpraxis und bemerkte nicht einmal den strömenden Regen, der gegen die Windschutzscheibe prasselte. Für mich war dieser Regentag wie ein Tag voller Sonnenschein!

Ja, so ist das. Ich sehne mich nach Wundern, nach Lichtblicken und Fingerzeigen Gottes in meinem täglichen Schaffen und Wirken. Aber in meinem Übereifer neige ich dazu, diese kleinen Wunder nicht zuzulassen oder sie von vornherein zu übersehen. Gut, dass die Geschäftsführerin so hartnäckig war und mir ihre Geschenke geradezu aufdrängte. Oder besser gesagt: Gut, dass Gott so treu und ausdauernd ist, dass er sich in meinem kleinen Leben groß zeigen möchte. In vielen kleinen und großen Alltagswundern! Er bleibt hartnäckig – wie die freundliche Dame im Laden. Er beschenkt mich auch dann, wenn ich es nicht einmal merke. Er bewahrt mich in Situationen, die ich gar nicht als Gefahr erkenne. Eigentlich schade um all die nicht entdeckten Alltagswunder! „Gott, bitte öffne meine Augen für die kleinen Gnadengeschenke, die du mir Tag für Tag zukommen lässt."

Roswitha Wurm

Überraschung im Briefkasten

Heute ist mal wieder so ein Tag. Alles scheint drunter und drüber zu gehen. Bereits eine Stunde nach dem Aufstehen überschlagen sich meine Gedanken. Familiär stehen wir seit Monaten vor unerwarteten Herausforderungen. Sorgen umkreisen uns. Meistens blicke ich zuversichtlich in die Zukunft, doch heute fühle ich mich den negativen Gefühlen hilflos ausgeliefert.

Laut seufzend schicke ich ein wortloses Gebet Richtung Himmel. Manchmal frage ich mich, wie lange die Kraft noch reicht, um den stürmischen Winden zu trotzen. Mich beschleicht das Gefühl, dass die Balance zwischen Geben und Nehmen arg aus dem Gleichgewicht geraten ist. Ich sehne mich nach Ermutigung, nach einem guten Wort, nach einer Kleinigkeit, die meinem Herzen Freude bereitet. Wo bleiben ich und meine Bedürfnisse inmitten all dieser Herausforderungen? Die Spirale des Selbstmitleids beginnt sich an diesem Morgen langsam, aber sicher zu drehen.

Stopp! Im Wahrnehmen dieser Gedankenkreise richte ich mich innerlich auf und beginne, gegen den Strudel anzukämpfen. Ich nehme mir den Psalm 103 zu Herzen und zitiere in Gedanken: „Lobe den Herrn, meine Seele, und was in mir ist, seinen heiligen Namen. Lobe den Herrn, meine Seele, und vergiss nicht, was er dir Gutes getan hat." In meinem Herzen sprießt neue Hoffnung und neuer Mut. Wieviel Grund zum Danken habe ich doch! Ich bin so reich gesegnet von Gott. Trotz allem.

Der Alltag nimmt seinen Lauf. Und ich laufe am Limit. Zwischen Stallarbeiten, Baby wickeln, Wäsche waschen und dem Kochen des Mittagessens eile ich zum Briefkasten.

Der Postbote war soeben da. Über dem Stapel vieler Werbeprospekte liegt ein Umschlag in meiner Lieblingsfarbe ganz obenauf. Neugierig betrachte ich das Kuvert und öffne es. Dort drin versteckt sich nebst einer wunderschönen, mit funkelnden Diamantstickern verzierten Karte ein 50-Franken-Schein und ein Brief mit folgenden Worten: „Liebe Jrene, ich wünsche mir, dass du dir zum Frühlingsanfang oder Ostern eine kleine Freude machst. Ich denke an dich und deine Tochter. Ihr seid Diamanten der Hoffnung in unserer Welt, denn Jesus strahlt durch euch hindurch. Er sieht und trägt eure Freude und auch den Schmerz. Das ist das Wunder von Ostern …"

Mit tränenverschleierten Augen lese ich diese Worte immer und immer wieder. Es ist, als gieße Gott heilsames Öl auf mein aufgewühltes Herz. Tief bewegt begreife ich die Wahrheit, die in Matthäus 6,8 geschrieben steht: „Euer Vater im Himmel weiß, was ihr bedürft, ehe ihr ihn darum bittet!"

Jrene Bircher

Der Haushaltsgeräte-Joker

Spontan bleibt ein Bekannter zum Mittagessen. *Kein Problem*, denke ich, *wir haben ja genug*, und bereite frohen Mutes einige Flammkuchen vor. Während ich den Tisch decke, schaue ich immer wieder in den Backofen. *Komisch, wieso brauchen die denn so lange?*, wundere ich mich. Endlich sitzen wir alle am Tisch und können anfangen. Doch so richtig gut schmecken die Flammkuchen heute nicht. „Tut mir echt leid", entschuldige ich mich, „irgendwie scheint unser Ofen kaputt zu sein."

Trotz nicht gelungenem Mittagessen haben wir eine nette Zeit zusammen, und während wir beim Kaffee sitzen, sagt unser Bekannter auf einmal: „Ich habe das Gefühl, Gott möchte, dass ich euch einen neuen Herd schenke." Wow! Wir sind erstmal sprachlos. Was für ein Angebot! Wir machen aus, dass wir den Backofen noch ein paar Mal ausprobieren und uns ansonsten bei ihm melden werden.

Nach ein paar Wochen steht fest: Der Ofen ist kaputt. Gleich am nächsten Tag ist unser Helfer in der Not bei uns und recherchiert mit meinem Mann nach den besten Geräten. Weil er eine Frage hat, ruft mein Mann seinen Vater an, der vor Jahren geholfen hat, unseren Ofen einzubauen. „Aber wir haben doch einen fast neuen Herd hier bei uns herumstehen!", ruft mein Schwiegervater aus. Gleiche Größe und Baufirma wie unser alter. So fährt unser Bekannter unverrichteter Dinge wieder nach Hause. Doch nicht, ohne uns zu versprechen: „Jetzt habt ihr einen Joker frei! Beim nächsten Haushaltsgerät, das kaputtgeht, sagt ihr mir gleich Bescheid."

Lange dauert es nicht, da macht unser Trockner Zicken. Alle Reparaturversuche scheitern. Jetzt kann nur noch ein Elektro-Experte helfen. Doch er bestätigt, was wir schon geahnt haben. Der Trockner ist nicht mehr zu retten. Allerdings hat er noch eine gute Nachricht: „Bei mir im Hof steht ein Trockner, den mir eine Kundin überlassen hat. Wenn man ihn richtig säubert, sollte der noch einwandfrei funktionieren." Gesagt, getan. Fast ungläubig schließen wir ihn an. Und siehe da: Er pustet unsere Wäsche noch schneller und effektiver trocken als unser alter!

Wer weiß, welches Gerät als nächstes in unserem Haushalt kaputtgehen wird. Wir sind unbesorgt. Denn wir wissen: Gott sorgt gut für uns. Irgendjemand hat bestimmt noch eine Waschmaschine oder einen Kühlschrank herumstehen. Und wenn nicht, haben wir ja immer noch unseren Joker!

Saskia Barthelmeß

Winterwunder auf Kufen

„Hört ihr es? Der Berg ruft!", scherzte Bernd am Frühstückstisch nach einem erfreuten Blick aus dem Hüttenfenster: Die Sonne strahlte vom blauen Winterhimmel, überall lag feinster Pulverschnee und die herrliche Bergkulisse schien uns förmlich auf die Pisten zu locken. Die Hälfte des lang ersehnten Winterurlaubs mit meiner eingeschworenen „Ski-Crew" war schon vorbei und ich wollte die letzten Tage nochmal voll auskosten. Denn nirgendwo geht mein Herz so auf wie in den Bergen, und es gibt keine Sportart, für die ich auch nur im Ansatz so viel Leidenschaft habe wie fürs Skifahren.

Leider hörte ich an diesem traumhaften Morgen jedoch nicht nur den Berg rufen, sondern auch die Stimme der Vernunft. Ich hatte schon am Abend zuvor starke Knieschmerzen bekommen und war ohnehin zurzeit alles andere als gut trainiert. Erst vorletzten Sommer konnte ich aufgrund der chronischen Probleme mit meinem Knie nach einer Überbelastung tagelang kaum laufen.

Bis zur Talstation konnte ich die mahnende Stimme im Kopf unterdrücken, doch nachdem ich schon beim Aussteigen aus dem Auto wieder starke Schmerzen bekam, blieb mir nichts anderes übrig, als im Tal zu bleiben.

Ich beschloss, in vorsichtigen Schritten wenigstens einen kleinen Spaziergang über die herrlich zugeschneiten Felder zu machen und setzte mich schließlich auf eine schöne Holzbank, um zu beten. „Jesus, ich bin traurig und frustriert, dass ich an diesem traumhaften Tag nicht Skifahren kann und mein Knie schon wieder Probleme macht. Aber ich will dir vertrauen, dass du trotzdem das Beste für mich im Sinn hast und dass du da bist."

Plötzlich hörte ich aus der Ferne Glöckchen klingeln. Hinter einem sanften Hügel erschien eine Kutsche mit zwei wunderschönen Pferden und einem goldigen Hund, der vorne neben dem warm eingepackten alten Kutscher thronte. Ein Szenario wie aus einem Märchen! Von diesem Anblick ging mir das Herz auf. Eine Kutschfahrt, noch dazu durch so ein Winterwunderland, war schon immer ein Traum von mir gewesen.

Ich verfolgte das Gespann noch eine Weile sehnsüchtig mit meinen Augen, bis es aus meinem Blickfeld verschwand. Dann machte ich mich wieder auf den Weg. Kurz darauf erreichte ich eine kleine Häusersiedlung und traute meinen Augen nicht, was da hinter der Ecke auf mich wartete: die Kutsche! Der Kutscher hatte kurz angehalten, um mit einem anderen Einheimischen zu plaudern. Kurzerhand fragte ich ihn, was so eine Kutschfahrt bei ihm denn kosten würde, worauf er gütig lächelnd antwortete: „Für Sie heute gar nichts. Ich mache ohnehin nur eine Probefahrt mit den jungen Pferden. Steigen Sie einfach ein!"

Fast eine Stunde fuhren wir durch die traumhafte Winterlandschaft und redeten über Gott, an den er auch glaubte, und die Welt, bis ich direkt vor meinem Auto wieder abgesetzt wurde. Den ganzen Tag über konnte ich nicht aufhören zu lächeln, so gerührt war ich von diesem Geschenk Gottes.

Désirée Wiktorski

Korsische Kostbarkeiten

Mein Mann und ich sind mit unseren Kindern auf Korsika und genießen die Vielfalt und Schönheit dieser Insel. Was wir aus finanziellen Gründen leider nicht genießen können, ist die korsische Küche. All die schönen Restaurants, an denen wir vorbeiflanieren, haben ein deutlich höheres Preisniveau, als wir von zu Hause gewohnt sind. Der Blick in die Reisekasse rät, das mit dem Essen gehen in diesem Urlaub doch lieber sein zu lassen. Stattdessen bereite ich aus mitgebrachten Zutaten von daheim jeden Tag schlichte Gerichte zu, die nach tollen Strandtagen oder Bergwanderungen für Sättigung sorgen.

An jenem Samstagmorgen sind wir in einem dieser gigantischen französischen Supermärkte unterwegs, um unseren Speiseplan durch einige frische Lebensmittel zu ergänzen. Zu meiner Überraschung treffe ich dort eine Freundin, die ihren Familien-Urlaub ebenfalls auf Korsika verbracht hat und in wenigen Stunden abreisen wird. Wir hatten uns am Vorabend bereits voneinander verabschiedet.

Sie ist ebenfalls sichtlich erstaunt, mich zu sehen und schiebt mich rasch hinter einen ausladenden Angebotstisch mit korsischen Keksen. „Ich muss dir was sagen!", kommt sie sofort zur Sache. „Neulich habe ich für eine Auftragsarbeit eine bestimmte Summe bekommen, und ich habe es mir zur Angewohnheit gemacht, von allem, was ich kriege, den Zehnten weiterzugeben. Ich rede da mit keinem drüber – außer mit Gott. Gestern beim Beten hatte ich den Eindruck, dass ihr das Geld haben sollt. Für euch als Familie, damit ihr mal was Besonderes miteinander machen könnt!" Völlig überrascht schaue ich sie an. Ich bin sprachlos. „Ich habe mit Gott ausgemacht, dass ich dir das Geld gebe, falls ich euch heute nochmal sehen sollte," erklärt sie weiter. Währenddessen kramt sie hastig nach ihrem Portemonnaie und fischt einen Geldbetrag heraus, den sie mir rasch überreicht.

Ich bin völlig perplex und im gleichen Augenblick steigen mir die Tränen in die Augen. Noch einmal wiederholt meine Freundin den „Verwendungszweck": „Für was Schönes mit der ganzen Familie! Und niemandem erzählen, von wem du's hast!" Wir umarmen uns kurz, dann winkt ihr Mann um die Kekstisch-Ecke und mahnt zur Eile. Der Bus, der sie zum Flughafen bringen wird, fährt bald. Ohne den Betrag anzuschauen, schiebe ich die Scheine in meinen eigenen Geldbeutel und bin völlig überwältigt vom eben Erlebten.

Noch am gleichen Abend fahren wir in eines der malerischen Bergdörfer hoch über dem Meer, von dem unser Reiseführer schreibt, dass dort das „vielleicht schönste Café Korsikas" sei. Die Terrasse ist auf einem Felsvorsprung angelegt und vor uns breitet sich ein unvergleichliches Panorama aus. Während die Sonne langsam im Mittelmeer versinkt und die ganze Szenerie in ein warmes orangefarbenes Licht taucht, genießen wir eine korsische Tapas-Platte vom Feinsten. Ich kann vor Begeisterung kaum an mich halten, dass Gott uns „aus dem Nichts" so ein Zusatz-Geschenk gemacht hat. Für diese kulinarischen Kostbarkeiten Korsikas müssen wir am Ende nur ein paar Euro aus eigener Tasche beisteuern – alles andere wird vom Geschenk meiner Freundin abgedeckt, die durch ihren großzügigen Umgang mit Geld sicherlich schon etliche Menschen so gesegnet hat wie uns an jenem Tag.

Sigrid Offermann

Herr, mein Gott, du bist einzigartig!
Du hast so viele

Wunder

getan, alles hast du
sorgfältig geplant!
Wollte ich das schildern
und beschreiben –
niemals käme ich zum Ende!

Psalm 40,6

MEINE *Wunder* MOMENTE

_____

_____

_____

_____

_____

_____

_____

_____

_____

_____

_____

_____

_____

KAPITEL 3

Gehört

Damit rechnen, dass Gott antwortet

Als ich am Morgen aufwachte, waren sie direkt da: schmerzhafte Bauchkrämpfe. Nachdem ich das Frühstück für die Familie gemacht und dann meine Tochter zur Schule verabschiedet hatte, legte ich mich mit der Wärmflasche auf dem Bauch wieder hin.

Später wurde es scheinbar besser, ich konnte sogar eine Weile am Schreibtisch arbeiten. Aber die Freude währte nur kurz: Mittags waren die Bauchschmerzen wieder da und heftiger als zuvor. Die Wärmflasche auf dem Bauch, der Tee, das Sofa – nichts half wirklich. Die Krämpfe wurden nicht besser. Ich vermutete einen Magen-Darm-Virus und gewöhnte mich an den Gedanken, dass ich heute nichts mehr schaffen würde, sondern dass Bettruhe angesagt war. Meine Verabredung am Abend musste ich leider absagen. Dummerweise war es Freitagnachmittag und kein Arzt war mehr erreichbar.

Zusammen mit meinem Mann und meiner Tochter beteten wir, dass Gott meinen Bauch beruhigen und heilen möge. Aber am Abend nahmen die Krämpfe an Heftigkeit zu. Der Bauch war auf einer Seite schmerzhaft druckempfindlich. Langsam wurde die Sache mir unheimlich und ich begann, nach den Symptomen zu googeln. Dabei weiß ich eigentlich, dass das meistens keine gute Idee ist. Je mehr ich las über diverse Krankheiten, desto schlechter fühlte ich mich.

Gegen 20.30 Uhr beschloss ich, doch lieber zum Arzt zu gehen. Da das Krankenhaus in unserer Kleinstadt geschlossen worden war, mussten wir in die nächste Stadt fahren. Ich organisierte eine Kinderbetreuung für meine Tochter. Für sie würde das zu spät werden. Die Ambulanz würde am

Freitagabend sicher ziemlich voll sein. Zwischendurch sendete ich eine Handynachricht an zwei Kolleginnen und bat sie, für mich zu beten. Gegen 21 Uhr fuhren wir los. Auf der Fahrt merkte ich jede Erschütterung, jeden Bremsvorgang. Es war fast wie bei den Geburtswehen. Endlich waren wir am Ziel. Als wir ausstiegen und Richtung Haupteingang liefen, stoppte ich und drückte auf meinen Bauch. Nichts. Er tat nicht mehr weh. Das konnte nicht sein! Ich drückte fester und an anderen Stellen. Die Schmerzen waren verschwunden.

„Ich glaube, es ist weg", sagte ich zu meinem Mann, der mich etwas ungläubig anschaute.

Da ich dem Bauchfrieden nicht traute, gingen wir trotzdem durch die langen Flure bis zur Notfall-Ambulanz. Wie befürchtet, war der Wartebereich sehr voll. Unschlüssig standen wir vor der Anmeldung. „Ich kann mich doch nicht anmelden, es ist ja nichts mehr", sagte ich zu meinem Mann. „Das muss eine Gebetserhörung sein." Wir liefen zurück zum Auto. Ich schaute auf das Handy: Ja, die Kolleginnen hatten für mich gebetet. Und Gott hatte die Gebete offenbar erhört.

Aber ich hatte nicht damit gerechnet, dass Gott wirklich reagiert. Ich hatte es gehofft, aber nicht wirklich *geglaubt*. Die Bauchschmerzen kamen auch an den nächsten Tagen nicht zurück. Meine Erkenntnis aus diesem Freitagabend: Wenn ich bete oder andere bitte zu beten, sollte ich auch mit Gottes Handeln rechnen!

Ellen Nieswiodek-Martin

Fernheilung

Seit Wochen schon hatte ich massive Nackenschmerzen. Selbst beim Liegen und ohne jede Bewegung ließ der Schmerz kaum nach. Ich versuchte es mit Dehnübungen, aber auch diese zeigten keine Wirkung. Da war ich beinahe dankbar, dass ich mich an diesem Pfingstsonntag nicht in den Gottesdienst schleppen „musste", sondern aufgrund des noch anhaltenden Lockdowns bequem von der Couch den Live-Stream einschalten konnte.

Die Predigt war gut und inspirierend, aber irgendwie erreichte sie mich dennoch nicht wirklich. Ich hatte mich in den letzten Tagen intensiv mit der Apostelgeschichte befasst und viel Zeit im Gebet verbracht, weil ich mir so sehnlich wünschte, Gott genauso mächtig handeln zu sehen wie damals. Wunder, Heilungen, Bekehrungen – brauchte die Welt in dieser Krise nicht genau diese Dinge dringender denn je?

Ausgelöst durch die aktuelle Weltuntergangsstimmung klaffte erneut die große Wunde in mir auf, was mit den geliebten Menschen passieren würde, die Jesus noch nicht kennen, obwohl ich seit Jahren für sie betete. Hinzu kam der Kampf um eine seit langem psychisch leidende Freundin, der bewirkte, dass ich mich zunehmend ohnmächtig fühlte, – denn auch hier blieben die Gebetserhörungen aus. Das alles lastete schwer auf mir.

Als ich die Predigt anhörte, ertappte ich mich dabei, ein bisschen enttäuscht von Gott zu sein. Am Ende betete der Prediger noch für alle, die am Gottesdienst live und online teilnahmen und bezog sich dabei auf sein Thema, bis er plötzlich völlig aus dem Kontext gerissen sagte:

„Und ich bete für eine Person, die seit Tagen schlimme Nackenschmerzen hat. Jesus sagt: ‚Kommt her zu mir, alle, die ihr mühselig und beladen seid. Ich will euch erquicken.' Ich habe den Eindruck, er will dieser Person nicht nur den körperlichen Schmerz nehmen, sondern vor allem auch die Lasten, die sie trägt. Ich glaube, er will ihr zusagen, dass *er* derjenige ist, der unsere Lasten trägt. Nicht wir selbst. Und wir dürfen ihn um Vergebung bitten, wo wir versucht haben, das zu tragen, was nur er tragen kann."

Ich war zutiefst berührt und fühlte mich gleichzeitig auf wunderbare Weise überführt. Ich bat Jesus um Vergebung – und im selben Moment wurde es in meinem Nacken und Rücken auf einmal ganz heiß. Es fühlte sich beinahe an, als würde mich jemand massieren. Nach wenigen Sekunden waren meine Schmerzen komplett weg. Ich war überwältigt und konnte es kaum glauben!

Ich erlebte mein persönliches Pfingstwunder und wusste wieder: Ja, mein Gott ist immer noch derselbe. Der Gott, der heilt und Wunder tut. Ich werde wohl nie verstehen, warum er es manchmal tut und manchmal nicht, aber eines habe ich neu erkannt: Er sieht mich und liebt mich und meint es vollkommen gut mit mir. Deshalb darf ich ihm getrost meine Lasten abgeben und ihn den Retter der Welt sein lassen – der großen Welt und auch meiner ganz kleinen.

Désirée Wiktorski

Nicht ohne einen Weihnachtsbaum

Ich kam als ältestes Kind deutschstämmiger Eltern in Kasachstan zur Welt. Zu dieser Zeit gehörte Kasachstan zur Sowjetunion. In diesem damals kommunistisch-atheistisch geprägten Land verbrachte ich meine ersten sieben Lebensjahre. An eine Begebenheit aus dieser Zeit kann ich mich noch gut erinnern, obwohl ich erst vier Jahre alt war: das Weihnachtsfest 1984.

Die russische Bevölkerung schmückte ihre Tannenbäume erst zu Silvester und nicht am Heiligen Abend. Dass die Deutschen Weihnachten als christliches Fest feierten, versuchte man in jenem Jahr in unserer Gegend dadurch zu verhindern, dass man keine Tannenbäume vor Weihnachten verkaufte. Obwohl die Festbäumchen schon geliefert worden waren, sollte der Verkauf erst wenige Tage vor Silvester beginnen.

Meine Mutter war mehrere Tage auf der Suche nach einem Tannenbaum für unser Weihnachtsfest, konnte aber in der ganzen Stadt keinen kaufen. So bemühte sie sich, mir und meinem zwei Jahre jüngeren Bruder zu erklären, dass Jesus im Mittelpunkt von Weihnachten steht, nicht der Tannenbaum. Das bezweifelten wir Kinder auch nicht, aber einen Tannenbaum wollten wir trotzdem haben!

Im kindlichen Vertrauen auf Gott gingen wir in unser Zimmer, schlossen die Tür hinter uns und sprachen ein einfaches Gebet, in dem wir Jesus dafür dankten, dass er uns einen Tannenbaum schenken würde. Nach dem Gebet erklärten wir unserer Mutter im Brustton der Überzeugung: „Jesus wird uns heute einen Tannenbaum schenken!" und spielten unbekümmert weiter.

Unsere Mutter hatte das Gebet hinter geschlossener Tür gehört und unsere kindlich-vertrauensvolle Schlussfolgerung brachte sie ins Schwitzen. Sie wusste, dass es in der ganzen Stadt keine Tannenbäume zu kaufen gab. Das Einzige, was sie auf der Straße finden konnte, war ein Tannenzweig, den sie nach Hause brachte. Diesen erklärte sie nun zu unserem diesjährigen Tannenbaum. Wenn wir den Zweig schön schmückten, wäre er ein guter Ersatz für einen richtigen Weihnachtsbaum, meinte sie.

Wir Kinder schenkten dieser „Weihnachtsbaum-Attrappe" überhaupt keine Beachtung und verkündeten weiterhin standhaft: „Jesus wird uns einen richtigen Tannenbaum schenken." *Nun gut*, dachte meine Mutter, *sobald sie schlafen gehen, dekoriere ich den Tannenzweig, und wenn sie erst die Geschenke darunter sehen, werden sie ihn als diesjährigen „Weihnachtsbaum" akzeptieren.*

Der Tag verging ohne besondere Ereignisse. Es war der 23. Dezember. Am späten Abend, gegen halb zehn, klingelte es unerwartet an unserer Tür. Mein Bruder und ich sprangen aus unseren Betten, rannten zur Wohnungstür und riefen: „Da kommt unser Tannenbaum! Jesus schenkt uns einen Tannenbaum!" Meine Mutter war sichtlich nervös, als sie die Tür öffnete. Sie hatte Angst, dass unser kindliches Gottvertrauen erschüttert werden würde. Vor der Tür stand die Cousine meines Vaters mit ihrem Ehemann und … einem Tannenbaum für uns! Es war zwar ein künstliches Bäumchen, aber es war ein richtiger Tannenbaum, kein Tannenzweig. Was für eine Freude! Trotz fortgeschrittener Uhrzeit durften wir noch wach bleiben, um ihn zusammenzustecken und zu schmücken. Meiner Mutter kamen vor Rührung und Scham über ihre Zweifel die Tränen.

Wie war das möglich? Papas Cousine lebte mit ihrer Familie in einer Stadt, die etwa zwanzig Kilometer von uns entfernt war. Als sie tagsüber auf dem Heimweg von der Arbeit war, ging sie an einem Geschäft vorbei, in dem es tatsächlich künstliche Tannenbäume zu kaufen gab. Sie kaufte unter anderem einen für uns. Zu Hause fragte ihr Mann überrascht, wieso sie denn einen für uns gekauft hätte, schließlich konnte sie ja nicht wissen, ob wir bereits einen Tannenbaum hatten oder nicht. Da es damals keine Telefone gab, war die einzige Möglichkeit, das herauszufinden, ins Auto zu steigen und zu uns zu fahren. Das wollten sie am nächsten Tag tun.

Als sich die beiden schon bettfertig machten, hatte meine Tante keine Ruhe. Eindringlich bat sie ihren Mann, uns das Weihnachtsbäumchen noch am selben Abend zu bringen. Er wunderte sich darüber, appellierte an ihre Vernunft und gab schließlich nach. Auf das Risiko hin, dass wir schon einen Tannenbaum hatten, stiegen sie ins Auto – in ein russisches Auto vor über dreißig Jahren – und fuhren die Strecke von zwanzig Kilometern auf größtenteils unbefestigten Straßen. So kam der Weihnachtsbaum noch am Tag unseres Gebets bei uns an!

Obwohl die beiden „Freudenbringer" es nicht ahnten, hat Jesus sie dazu benutzt, unseren kindlichen Glauben zu stärken.

Luisa Seider

Das alte Trauma

Ich möchte die Gelegenheit nutzen und ein Zeugnis davon weitergeben, was Gott in den letzten zwei Jahren für mich getan hat. Es ist nicht selbstverständlich, dass ich jetzt so sein kann, wie ich bin. In der Bibel heißt es: Und wenn du in Not bist, rufe mich an! Dann will ich dich retten – und du wirst mich ehren! Das möchte ich hiermit tun.

Im Frühjahr 2015 bekomme ich plötzlich von einem auf den anderen Moment nicht mehr richtig Luft durch die Nase. Eine Nasenseite ist ganz zugeschwollen und bleibt es auch, Tag und Nacht. Seit meiner Kindheit kenne ich Luftnot durch eine verbogene Nasenscheidewand – doch dass die Seite nun ganz zu ist – tagsüber und auch nachts –, das kannte ich so nicht. Nur mit Hilfe von Nasenspray konnte ich für eine gewisse Zeit Luft bekommen… Das hat mir Angst gemacht, nicht mehr richtig atmen zu können. Luft brauche ich doch zum Leben!

Ein Besuch beim HNO-Arzt macht es unumgänglich – es hilft nur eine Nasen-OP. Doch diese OP wollte ich niemals mehr freiwillig über mich ergehen lassen. Mit 16 Jahren hatte ich mich wegen ständigen Krankseins und häufiger Atemnot bereits an der Nasenscheidewand operieren lassen und wäre einige Tage nach der OP fast erstickt. Die Nase war mit Tamponaden zugestopft und man musste einige Tage durch den Mund atmen. Auch das konnte ich plötzlich nicht mehr. Ich bekam Panikanfälle und rang nach Luft. Endlich griff ein Arzt rettend ein und hat meine Zunge, die im Hals angetrocknet war, wieder gelöst. Nun sollte mir genau dieselbe Operation erneut bevorstehen – das konnte doch nicht wahr sein!

Doch der akute Zustand gab mir keine andere Wahl, als noch einmal in die Operation einzuwilligen. Da sich das Erlebnis von damals tief eingeprägt hat, nehmen meine Ängste vor der OP mit jedem Tag zu – bis zu einer Angst-Depression, die mich völlig lähmt. Ich bin nicht mehr wirklich fähig, an Unterhaltungen oder Veranstaltungen teilzunehmen, ich kann nichts mehr richtig aufnehmen, bin total verändert. Es wird so schlimm, dass ich weiß, so kann ich die Operation nicht machen lassen, ich würde die Wochen der Wartezeit bis dahin nicht überstehen. Meine ganze Verfassung erinnert mich an die Zeit, als ich wegen Ängsten und Depressionen in die psychiatrische Klinik gehen musste. Wenn ich in den Spiegel sehe, weiß ich: So habe ich damals auch ausgesehen. Die Angst sitzt tief in mir, übermächtig, gegen sie komme ich nicht an. Aber die Operation absagen und keine Luft mehr zu bekommen, ist doch auch keine Alternative! So kreisen die Gedanken jeden Tag. Ich sehe keinen Ausweg! Ich kann weder vor noch zurück.

Gerade jetzt erhalte ich eine Einladung zu einem Geburtstagsfrühstück bei einer Freundin. Obwohl ich innerlich starr vor Angst bin und nicht mehr gut an Gesprächen teilnehmen kann, nehme ich die Einladung an, auch, um dem Zuhause, wo ich mit der Angst allein bin, zu entfliehen. Durch die Einladung kommt aber auch ein Funke Hoffnung in mir auf, Hoffnung auf Hilfe. Denn im selben Haus wie meine Freundin wohnt eine andere Freundin. Ich habe es schon einige Male erlebt, dass Gott Gebete erhört hat, die wir gegenseitig füreinander gebetet haben. In mir festigt sich der Gedanke, sie zu bitten, mit mir zu beten – gegen die Angst. Aber sie arbeitet und ist nicht zu Hause. Meine ganze Hoffnung liegt nun im Warten, dass sie nach Hause kommt. Ich klammere mich an die Hoffnung auf das Gebet. Das ist alles, was ich noch habe…

Als sie endlich heimkommt, nimmt sie sich Zeit für mich. Ich erzähle ihr von der alten Angst und dass ich die Situation, in der ich stecke, nicht allein bewältigen kann. Sie bittet Gott, mein Trauma von früher zu heilen, mir die Ängste um mein Leben zu nehmen, damit ich mich auf die Operation einlassen kann. Es ist ein demütiges Bitten um Gottes heilendes Eingreifen und ein Appell an seine Gnade. Nach dem Gebet verspüre ich Hoffnung, die vorher nicht da war.

Aber erst am nächsten Morgen, als ich aufwache, bemerke ich das Wunder: Die Angst-Depression ist verschwunden. Im Spiegel erkenne ich: Ich sehe nicht mehr so angegriffen aus. Gott hat in meinem Unterbewusstsein die alte Angst weggenommen. Das habe ich gebraucht.

Am selben Morgen erhalte ich einen aufgeregten Anruf von meiner Familie. Ich müsse die Operation absagen, so, wie es mir geht, könne ich das nicht schaffen. Ja, normalerweise wäre es so – aber Gottes Eingreifen hat den normalen Verlauf durchbrochen! Tatsächlich bleibt das Trauma von damals aus, und so habe ich die Chance, die Operation durchführen zu lassen. Diesmal gelingt sie. Seit dieser Zeit bekomme ich zum ersten Mal in meinem Leben – ich bin 47 Jahre alt – ohne Mühe Luft!

Yvonne Völker

Regengebete

Regen. Allein das Wort weckt bei vielen Menschen negative Assoziationen. Ich denke dabei an graue Landschaften, Kälte, durchnässte Füße und schmutzige Straßen. Doch vor zwei Jahren sollte ich in Israel eine ganz neue Seite daran entdecken.

Immer wieder hörte ich in den israelischen Medien von einer historischen Trockenheit, die schon seit etwa fünf Jahren anhielt. Der Wasserspiegel im See Genezareth sank immer weiter unter die rote Linie. Für die Bevölkerung hatte das verheerende Folgen: Wenn das Wasser einen bestimmten Punkt erreicht hat, darf es nicht mehr abgepumpt werden.

Mich bekümmerte das alles nicht sehr. Ich konnte die Zeit in der Sonne am Strand genießen und viele Ausflüge machen. Eine Freundin, die in Israel aufgewachsen ist, war allerdings völlig niedergeschlagen. Sie machte sich viele Gedanken um den ausbleibenden Regen. So fingen wir an, täglich für Regen zu beten. Als wir an Simchat Torah, dem letzten jüdischen Feiertag vor dem Laubhüttenfest, mit einer Gemeinde feierten, wurde im Gottesdienst ebenfalls für Regen gebetet. In Deutschland hätte ich wohl eher für Sonnenschein gebetet.

Dann geschah das Wunder: Wenige Stunden später begann es zu regnen! Für uns war das kein Grund aufzuhören – wir beteten immer wieder für ausreichend Regen für das Land. Meine Freundin erhielt jeden Morgen einen Anruf ihres Vaters, der uns über den aktuellen Wasserstand im See Genezareth informierte. Zentimeter für Zentimeter stieg der Pegel. Als der See schließlich um 2,80 m gestiegen war, feierten wir mit unseren Arbeitskollegen ein kleines Fest. Es stellte sich heraus, dass sogar der Landwirtschaftsminister dazu aufgerufen hatte, um Regen zu beten.

Wenn ich daran zurückdenke, wird mir bewusst, wie wertvoll Regen wirklich ist. Er ist ein Segen, der uns und der Schöpfung Leben bringt. Er bewahrt uns vor „Wüstenzeiten". Also will ich für jeden Tropfen dankbar sein, der auf mich herunterfällt.

Stefanie Funk

(K)eine Wunderheilung

Ich stand neben meiner Mutter auf dem Krankenhausparkplatz und versuchte zu begreifen, was geschehen war: Von einem Tag auf den anderen war ich von einem rundum gesunden 13-jährigen Mädchen zum Notfall geworden. Eine Frage brannte mir auf den Lippen: „Mama, betest du für mich?"

Am Tag zuvor war ich zu einem Kontrolltermin bei meinem Augenarzt gewesen – nichts Ungewöhnliches für mich, schließlich trage ich schon seit meinem dritten Lebensjahr eine Brille. Doch diesmal war alles anders verlaufen. Der Augenarzt hatte sich ein neues Gerät zugelegt, mit dem man Aufnahmen vom Inneren des Auges machen konnte. Dadurch hatte er bei mir eine Netzhautablösung festgestellt und mich mit meinen Eltern sofort in eine Fachklinik geschickt, wo seine Diagnose bestätigt worden war: Noch war die Ablösung zum Glück nur auf den Rand der Netzhaut beschränkt. Aber sie konnte sich jederzeit weiter ausbreiten und dann, so erklärten uns die Ärzte, bestand das Risiko, dass ich auf einem Auge erblinden würde. Gleich am nächsten Tag sollte ich operiert werden.

Statt der freudig erwarteten Feier zu meinem 14. Geburtstag standen mir nun mindestens drei Wochen Krankenhausaufenthalt bevor. Für die Ärzte war es ein Routineeingriff, aber die Erfahrung, dass alles, was ich in den nächsten Wochen geplant hatte – mein Geburtstag, die Schule, das Ferienlager –, plötzlich in Frage gestellt war, erschütterte mich. Gebet hatte ich in meiner Familie eher als Ritual und weniger als konkrete Lebenshilfe kennengelernt.

Doch angesichts der Unsicherheit des Lebens, die sich mir gerade offenbarte, verspürte ich den Wunsch, dass jemand meine Situation im Gebet Gott anvertraute. Die Antwort meiner Mutter überraschte mich umso mehr: „Ich bete schon die ganze Zeit für dich, mein Schatz. Ich danke Gott dafür, dass der Augenarzt dieses neue Gerät bekommen hat und der Schaden überhaupt entdeckt werden konnte. Und ich bitte Gott jetzt, dass er bei dir ist und alles gut wird."

Am nächsten Morgen, kurz vor der Operation, sollte ich noch einmal von einem erfahrenen Professor der Augenklinik untersucht werden. Er betrachtete die Aufnahmen von meiner Netzhaut. Dann sagte er etwas, womit wir nie gerechnet hätten: „Da brauchen wir überhaupt nicht zu operieren. Der Befund ist wahrscheinlich schon Jahre alt und hat sich seitdem nicht verändert." Alle Sorge und Unsicherheit waren auf einmal von uns genommen.

Mir war klar: Gott hatte das Gebet meiner Mutter erhört. Nicht unbedingt auf übernatürliche Weise, denn mein Auge war höchstwahrscheinlich im gleichen Zustand wie am Tag zuvor. Aber dennoch war es für mich ein Heilungswunder: Noch vor einer Stunde war ich ein Notfall, bereit, in den OP-Saal geschoben zu werden, und nun konnte ich das Krankenhaus plötzlich als gesunde Person verlassen – weil Gott zur richtigen Zeit einen Arzt mit dem richtigen Blick geschickt hatte. Noch nie hatte ich auf so beeindruckende Weise erlebt, wie konkret und greifbar unsere Gebete manchmal beantwortet werden.

Ich gehe immer noch regelmäßig zu meinem Augenarzt zur Kontrolle, ob die Netzhautablösung sich vergrößert. Bis jetzt ist dabei nie irgendeine Veränderung festgestellt worden. Doch ich erinnere mich jedes Mal wieder daran, dass das Leben zwar unberechenbar ist, aber Gott jede Situation zum Guten wenden kann.

Hannah Keßler

Gott erhört Gebet

Meine Freundin ist sehr krank. Da sie drei Stunden entfernt von mir wohnt, können wir oft nur telefonieren. Selbst übers Telefon bekomme ich ihre Schwäche und Erschöpfung mit. Eine Darmentzündung, eine Grippe und eine daraus folgende Lungenentzündung, die man sehr deutlich auf einem Röntgenbild erkennen kann, haben sie niedergestreckt. Die Ärztin hat sie in ein Krankenhaus eingewiesen. Ich überlege, wie ich ihr helfen kann. Mir bleibt nur die Möglichkeit des Gebets. Ich frage sie, ob ich für sie beten darf. Sie willigt ein. Am Telefon bete ich für ihre Gesundung und Wiederherstellung. Gemeinsam wollen wir vertrauen, dass Heilung geschehen kann. Später bete ich allein für sie weiter. In einem Gebetskreis stehen wir ebenfalls für sie ein.

Ein paar Tage darauf bekomme ich die Nachricht, dass sie im Krankenhaus ist, aber dass die Medikamente abgesetzt werden, da auf dem Röntgenbild keine Lungenentzündung mehr zu sehen sei. Zuerst bezweifelt meine Freundin die neue Diagnose. Auch die Untersuchung des Darms ergibt, dass alles in Ordnung sei. Meine Freundin und ich können die neue Situation noch nicht richtig einordnen.

Ungefähr zwei Wochen später, als meine Freundin wieder zu Hause ist und die Kräfte langsam zurückkehren, überlegen wir, was geschehen ist. Es gibt zwei Röntgenbilder, eines mit Lungenentzündung, eines wenige Tage später ohne Lungenentzündung. Es gibt einen positiven Darmbefund und wenige Tage später einen Darmbefund, der in Ordnung ist. Wir fragen uns, wann wir gebetet haben, und stellen fest, dass es genau in der Zeitspanne zwischen den beiden Befunden war. Unsere Schlussfolgerung: Gott hat zwei Wunder gleichzeitig an meiner Freundin getan! Wir sind überwältigt und in unserem Glauben gestärkt. Diese Erfahrung ermutigt uns, mehr zu beten und zu vertrauen, dass Gott ganz konkret in unser Leben eingreifen kann.

Gott hat wirklich unsere Erwartungen übertroffen und unser Gebet um Gesundheit erhört. Wie es im Psalm heißt: „Du hast dein Versprechen erfüllt, ja, du hast noch viel mehr getan, als wir von dir erwartet hatten! Du hast mich erhört, als ich zu dir schrie; du ermutigst mich zu den kühnsten Wünschen" (Psalm 138,2–3; Gute Nachricht). Gott hat sein Versprechen, dass er Gebet erhört, eingelöst. Vor unseren Augen ist es geschehen.

Später frage ich mich: Habe ich wirklich so eine starke Hilfe erwartet? Habe ich zu dieser Zeit bewusst vertraut? Ich merke, dass ich zwar gebetet habe, dass ich auch Glauben gehabt habe, doch das Wunder selbst hat mich dann doch überrascht. Auf das Wunder war ich und auch meine Freundin nicht vorbereitet. Gott hat unser Gebet unabhängig von unseren Erwartungen erhört. Er hat mit Wundern seinen eigenen Zeitplan und die Wunder hängen nicht immer von unserem Glauben ab.

Ich habe die Macht Gottes erlebt und damit gehe ich weiter in meinen Alltag. In der nächsten Situation will ich neu vertrauen. Gott tut Wunder vor unseren Augen. Das Gebet füreinander hat große Kraft. Gott wirkt und handelt, auch wenn unser Glaube klein ist. Denn Gott, auf den sich unser Glaube richtet, ist groß.

Esther Lieberknecht

Glauben lernen mit Konfetti

Manchmal benutzt Gott außergewöhnliche Wege, um uns wichtige Lektionen beizubringen. Einmal gebrauchte er dazu unsere Zwergkaninchen. Wir hatten die beiden Kaninchen für unsere zwei Jungs gekauft und ihnen damit einen langgehegten Wunsch erfüllt. Unser ältester Sohn nannte sein Kaninchen aufgrund der gepunkteten Färbung des Fells „Konfetti".

Mein Mann machte sich daran, ein stabiles, geräumiges Freigehege mit Abdeckung zu bauen. Wir informierten uns, wie hoch die Umzäunung sein musste, damit keines der Kaninchen ausbüxen konnte, und stellten verschiedene Tunnel und Unterschlupfmöglichkeiten ins Gehege.

Nun konnten die Zwergkaninchen tagsüber ihren Stall verlassen und sich darin frei bewegen; nachts mussten sie wieder zurück in den Stall. Meine Aufgabe bestand darin, morgens die Kaninchen aus dem Stall zu lassen, Wasser und Futter aufzufüllen und den Deckel des Freigeheges gut zu verschließen.

An einem Montagmorgen im August, die Kaninchen waren noch nicht einmal acht Wochen bei uns, fiel mir auf, dass die Tür vom Stall hinaus ins Freigehege schon offen stand. *Ach ja, wir haben gestern Abend nach dem Hauskreis vergessen, die Kaninchen in den Stall zurückzubringen*, dachte ich. Doch dann bemerkte ich, dass Konfetti spurlos verschwunden war. Das Dach des Freigeheges stand ein Stück offen. Vielleicht hatte er es geschafft, drüber zu hüpfen.

Ich rief nach Konfetti und suchte das Gehege und den ganzen Garten ab – keine Spur von dem Kleinen. In meiner Verzweiflung bat ich meinen Mann, von der Arbeit nach

Hause zu kommen, um mir suchen zu helfen. Doch auch seine Suche blieb erfolglos. Mit jeder Stunde, die verstrich, wuchs unsere Sorge um Konfetti. In unserer Wohngegend hatte es immer wieder Vorfälle mit Füchsen gegeben; dazu die vielbefahrenen Straßen – große Gefahren für ein frei herumlaufendes Kaninchen!

Es müssen wohl an die hundert Mal gewesen sein, die wir an diesem Tag in den Garten hinausgesehen haben, immer in der Hoffnung, Konfetti irgendwo zwischen den Büschen zu entdecken. Doch vergebens.

Wir verteilten Zettel in den Briefkästen der Nachbarn und baten um Mithilfe beim Suchen. Vielleicht saß Konfetti ja in einem der Nachbargärten. Mit beiden Kindern und dem Nachbarsmädchen zog ich los und suchte die ganze Gegend nach dem Kaninchen ab. Erfolglos. Unser älterer Sohn war sehr aufgelöst und hatte tausend Fragen: „Kommt Konfetti wieder zurück? Was ist, wenn ein Auto oder ein Fuchs kommt? Hat ihn jemand Böses einfach aus dem Stall gestohlen? Weiß Gott, wo Konfetti gerade sitzt?"

Am Abend beteten wir mit den Kindern zusammen um Schutz für Konfetti und dass Gott ihn wieder nach Hause bringen möge. Es fiel uns schwer, das Gebet in großem Glauben zu sprechen, denn die Wahrscheinlichkeit für die Rückkehr von Konfetti schien uns eher gering. Ich machte mir auch Gedanken darüber, wie wir es den Kindern erklären sollten, wenn Gott unser Gebet nicht erhören würde. Ich wollte auf keinen Fall, dass sie den Glauben an einen Gott verlieren, der alles sieht, alles weiß und dem alles möglich ist. Aber das war ja keine Garantie für eine Gebetserhörung. So bat ich Gott darum, das Gebet der Kinder zu erhören und damit ihren kindlichen Glauben zu stärken.

Mein Mann hatte inzwischen im Internet recherchiert, dass Kaninchen durchaus wieder zurückfinden konnten und dass man ihnen eine Schlafstelle mit Futter außerhalb des Freigeheges bereitstellen sollte. Er baute alles auf und wir gingen schlafen. In der Nacht träumte er, dass eine alte Frau mit einem Fahrrad bei uns vorbeikam, Konfetti aus der Fahrradtasche holte und in den Stall zurücksetzte. Der Traum gab ihm am nächsten Morgen zu denken, und so schaute er als Erstes hinaus in unseren Garten. Sein Erstaunen war riesengroß, denn dort saß am bereitgestellten Futter unser Konfetti! Der hatte es nicht eilig, ins Gehege zurückzukommen, und schlug seine Haken durch den ganzen Garten, bis ihn mein Mann endlich einfangen konnte. War das ein Jubel in unserem Haus! Und großes Erstaunen bei den Nachbarn, die mit uns mitgelitten hatten.

Für manche mag es Zufall sein, für uns ist es ein Wunder. Gott hat unsere Gebete erhört, auch wenn sie nicht mit großem Glauben ausgesprochen wurden. Der Vorfall mit Konfetti hat unseren Glauben enorm gestärkt: Wenn Gott sich schon darum kümmert, dass ein kleines Kaninchen wieder nach Hause findet, wie viel mehr wird er sich dann um seine Kinder kümmern! Und auch unsere Kinder wissen nun, dass es sich lohnt, zu beten und Gott zu vertrauen, weil er Gebete erhört.

Jeden Morgen, wenn ich in den Garten gehe, um die Kaninchen zu versorgen, erinnert mich Konfetti an unser Wunder. Das hilft mir, meine Sorgen für den kommenden Tag Gott hinzuhalten und Großes von ihm zu erwarten.

Sarah Mittelstädt

Ich bin der Herr, dein Arzt

Von dem amerikanischen Schriftsteller Mark Twain stammt der Satz: „Die meisten Menschen haben Schwierigkeiten mit den Bibelstellen, die sie nicht verstehen. Ich für meinen Teil muss gestehen, dass mich gerade die Bibelstellen beunruhigen, die ich verstehe."

Einen solchen „heiligen Unruhestifter" finde ich persönlich in Matthäus 10,7–8: „Das Reich der Himmel ist nahegekommen. Heilt Kranke, weckt Tote auf, reinigt Aussätzige, treibt Dämonen aus!" Ein Satz von Jesus, den ich verstehe und der mich beunruhigt. Gilt er etwa für mich? Im Laufe meines Lebens als Christ habe ich schon zu viele Wunderwirkungen Gottes an mir und anderen gesehen, dass es für mich nicht stimmig wäre zu glauben, dass der eben genannte Auftrag Jesu ausschließlich an die ersten Apostel ging. Was meint Jesus also, wenn er kurz vor seiner Himmelfahrt im Markusevangelium sagt (wieder so eine Stelle, die mich „unruhig" macht): „Kranken werden sie die Hände auflegen, so wird's gut mit ihnen" (Markus 16,18). Sollte ich etwa anfangen, für Kranke zu beten und an Heilung zu glauben? Ermutigt durch das Vorbild von anderen Gläubigen, persönliches Bibelstudium und Gebet, entschloss ich mich zu einem Experiment.

Ich sagte zu Gott: „Wenn mir ab jetzt im Alltag Krankheit begegnet, möchte ich freundlich fragen, ob ich für die spezielle Situation beten darf." Sensibilität und Mitgefühl für Menschen, denen es schlecht geht, wurden mir in die Wiege gelegt. Dafür bin ich dankbar. Um für den Ernstfall gewappnet zu sein, formulierte ich folgenden Satz: „Hallo! Ich sehe, Sie haben Schmerzen. Ich glaube an Jesus und weiß, dass er Sie liebt. Darf ich für Sie beten?"

Kaum jemand lehnte mein Angebot ab. Ich bekam dankbare Reaktionen, hatte Gelegenheit, an unterschiedlichen Orten und in verschiedenen Alltagssituationen zu beten. Ich betete fröhlich, mutig und entspannt. Spontane Wunder blieben allerdings aus. Nach ungefähr zwei Jahren kam Frust bei mir auf. Der „bebetete Schnupfen" brauchte genauso lange zum Abklingen wie ohne Gebet. Der Kopfschmerz blieb. Es gab zwar gute Gespräche, aber kein echtes Wunder. Ich war mitunter traurig und verwirrt und sprach mit Gott über meine Gefühle. Aber ich machte weiter.

Kurze Zeit später übersetzte ich in einem Gottesdienst die Predigt meines Mannes. Nach dem Gottesdienst kam eine Frau zu uns und bat um Gebet. Sie zählte eine Vielzahl unterschiedlicher Leiden auf. Ich weiß noch, dass ich Mühe hatte, mir alle zu merken, weil sie so viel aufzählte. Gleichzeitig hörte ich die Stimme des Heiligen Geistes: „Frag, ob etwas mit ihrem Knie nicht in Ordnung ist." Ich sagte zu der Frau: „Keine Sorge, wir beten für all das, was Sie gerade aufgezählt haben. Aber ich habe den Eindruck, ich soll Sie fragen, ob mit Ihrem Knie etwas nicht stimmt. „Ja", sagte sie. „Das habe ich nicht erwähnt, weil ich bereits in zwei Tagen einen Operationstermin habe." Etwas im Inneren ihres Knies war gerissen. Ich legte meine Hand auf das Knie und betete im Namen Jesu für Heilung.

Einige Wochen später traf ich die Frau bei einer Veranstaltung. Sie erzählte mir überglücklich, dass nach unserem Gebet keine Operation mehr nötig gewesen war. Der Arzt hatte das Knie untersucht – alles war in bester Ordnung!

Dieses offensichtliche Wunder ist bis heute eine große Ermutigung für mich, weiter für Heilung zu beten – und andere Christen zu ermutigen, es ebenfalls zu tun.

Wencke Bates

Himmlischer Briefbote

„Können Sie mir bitte noch heute das Förder-Gutachten für Michael schicken? Wir benötigen es für die Aufnahme in seine weiterführende Schule", sagte Frau Meier am Telefon. „Ich bin so froh, dass wir von Ihnen nun so verlässlich betreut werden, nachdem wir schon so oft enttäuscht worden sind."

Gleich im Anschluss an das Telefonat schrieb ich das Gutachten fertig und steckte es in ein Kuvert. Ich wollte es noch auf dem Weg zur Praxis aufgeben. Da ich knapp dran war, lief ich mit dem Kuvert in der Hand zur nahegelegenen Straßenbahnstation und stieg in die soeben vorgefahrene Bahn ein. Drei Stationen später stieg ich aus. Als ich das Postamt betrat, stutzte ich: Meine Hände waren leer. Wo war nur das Kuvert? Entsetzt stellte ich fest, dass ich es wohl in der Straßenbahn liegen gelassen hatte. Dieses Dokument mit vertraulichen Inhalten durfte auf keinen Fall in fremde Hände gelangen! Und was sollte ich nun Frau Meier sagen? Sie war doch ohnehin schon so oft enttäuscht worden von Personen, die sich in irgendeiner Weise um die Lernschwäche ihres Sohnes gekümmert hatten! Und jetzt enttäuschte ich sie auch noch.

Aber was sollte ich nur tun? Zunächst nahm ich mein Handy und rief noch vom Postamt aus bei den Verkehrslinien an. Die freundliche Dame an der Telefonauskunft erklärte mir, dass Fundsachen ins städtische Fundbüro kämen. Dies würde allerdings einige Werktage dauern und es bestünde nur wenig Hoffnung, dass jemand einen unfrankierten Brief abgeben würde. Ich solle doch rasch versuchen, eine Straßenbahn der gleichen Linie aufzuhalten, um mein Problem zu schildern. Gesagt, getan. Jedoch konnte mir die Straßenbahnfahrerin auch nicht weiterhelfen.

Ich befand mich nun in einer sehr unangenehmen Lage. Sollte ich Frau Meier anrufen und ihr mitteilen, dass ich soeben ein vertrauliches Dokument, ihren Sohn betreffend, in der Bahn liegen gelassen hatte und es jeder Beliebige nun öffnen und lesen könnte? Dass mir so etwas noch nie passiert sei, aber gerade jetzt bei ihrem Sohn das erste Mal?

Mitten in meiner Verzweiflung betete ich um eine Lösung dieser unangenehmen Situation: „Wenn jemand helfen kann, dann nur du, Herr!" Dann fuhr ich in die Praxis, meldete im Fundbüro meinen Verlust und arbeitete bis abends.

Der nächste Termin mit Frau Meier und ihrem Sohn war ein Online-Meeting vier Tage später. Am Morgen des vierten Tages fragte ich im Fundbüro nach. Nein, leider wäre nichts abgegeben worden. Ich bräuchte mir auch keine Hoffnung mehr zu machen: „Was bis jetzt nicht eingereicht wurde, kommt auch nicht mehr!"

Schweren Herzens und von meiner Nachlässigkeit selbst sehr enttäuscht, traf ich mich am nächsten Tag mit Michael und seiner Mutter zu einem Online-Meeting. Die beiden waren in guter Stimmung und wir besprachen unser Lerntrainingsprogramm. „Mit Ihnen gemeinsam werden wir das schaffen. Danke, dass Sie so verlässlich sind!", sagte Frau Meier. Jetzt war der Zeitpunkt gekommen, wo leider auch ich Frau Meier und Michael enttäuschen musste: „Wegen des Gutachtens muss ich…" „Ja, danke!", unterbrach mich Frau Meier, „das hätte ich beinahe vergessen. Es war heute in der Post!" Strahlend hielt sie das Kuvert vor ihre Bildschirmkamera. Das Kuvert war mit bunten Briefmarken beklebt.

Ich war sprachlos. Im Herzen sagte ich danke. Und wohl unbemerkt auch laut. Denn Frau Meier meinte: „Nichts zu danken, ich muss danke sagen!"

Bis heute weiß ich nicht, wer den Brief für mich frankiert und aufgegeben hat. Aber ich weiß, wem ich danke dafür sagen darf, dass er meinen Fehler wiedergutgemacht hat!

Roswitha Wurm

Rettung des Kuscheltiers

Vor einigen Jahren waren wir im Urlaub auf der Insel Spiekeroog. Die Insel ist autofrei, man fährt mit der Personenfähre durch das Wattenmeer dorthin.

Auf der Rückfahrt war die Fähre sehr voll, wir standen an der Reling und schauten etwas wehmütig auf das Meer. Wie das so ist, wenn man sich dem Alltag wieder nähert…

Wir waren nicht mehr weit entfernt von der Hafeneinfahrt, da sagte meine kleine Tochter: „Mama, mein Hundi." Ihr Kuschelhund, den sie im Arm gehalten hatte, war über die Reling ins Meer gefallen. Wir konnten ihn nicht sehen und liefen an den Bug. Und dort hinten schwamm er auf dem vom Motor aufgeschäumten Wasser… Wer Kinder hat, kann sich die Szene sicher gut vorstellen. Unsere Sechsjährige schluchzte und schluchzte und war nicht zu beruhigen.

Wir waren ratlos, was wir tun könnten. Dann schipperte die Fähre in die Gegenrichtung an uns vorbei. Vermutlich würde das große Schiff den Hund endgültig unter Wasser drücken.

Als wir am Hafen ankamen, erkundigten wir uns bei den Angestellten der Fährgesellschaft, ob wir den langen Steinwall, der neben der Fahrrinne aufgeschüttet ist, betreten und darauf hinauslaufen dürfen, um nach dem Hund zu suchen. Das durften wir, aber sie machten uns keine Hoffnung: Die zweite Fähre habe vermutlich das Kuscheltier mit aufs Meer hinausgezogen.

Wir holten unser Gepäck von der Fähre und luden es ins Auto. Mit einem schluchzenden Kind an der Hand überlegten wir: Am besten wäre es, das Tier abzuschreiben und uns auf die Heimfahrt zu machen. Es regnete und war sehr ungemütlich draußen. Aber es fiel uns schwer. So ein Kuscheltier gehört ja irgendwie zur Familie.

Also beschlossen wir, es zu versuchen. Aber wie? Am Hafen war ein Museum der Seenotrettung. Mein Mann fragte dort nach und kam mit einem Besen mit extra langem Stiel zurück. Damit bewaffnet, machte er sich auf den Weg über den glitschigen Steinwall. Wir standen am Rand des Hafens und schauten ihm zu. Ich hatte die Idee zu beten. Aber ich fand, die Chancen auf eine Gebetserhörung standen schlecht. Was sollte ich dann zu meinem Kind sagen, wenn wir den Hund nicht zurückbekamen? Und vor allem: Was hätte das für Langzeitauswirkungen? Was würde sie für ein Bild von Gott bekommen, wenn wir diesen Kuschelhund nicht wiederbekamen?

Dann merkte ich, was ich da eigentlich dachte. Dass ich mit meinem menschlichen Verstand beurteilte, was Gott tun würde. Dass ich die Chancen auf Gebetserhörung berechnete. Dass ich versuchte zu bewerten, ob und was Gott tun würde. Dann beschloss ich zu vertrauen. Gott kann alles tun. Ich dachte: „Ok. Gott, du hast versprochen, dass wir dich um alles bitten dürfen. Dann tun wir das jetzt. Und ich vertraue dir, dass du dieses Kind nicht enttäuschst!" Wir beteten also zusammen dafür, dass Gott den Stoffhund rettet.

Erwartungsvoll blickten wir den nassen Steinwall entlang, auf dem mein Mann langsam dahinbalancierte. Es regnete. Es war kalt. Dann fuhr die nächste Fähre hinaus. Und wir waren so durchgefroren und vor allem hungrig, dass wir ins Hafenlokal gegangen sind und uns etwas Warmes zu essen bestellt haben. Meinen Mann auf der Buhne konnten wir nicht mehr sehen.

Nach etwa 20 Minuten kam er. Ich konnte es erst nicht sehen, aber er hielt ein tropfendes braunes Etwas in der Hand. Er hatte den Hund tatsächlich fast am Ende des Steinwalls aus dem Wasser ziehen können.

Gott hat seine Macht gezeigt. Nicht mal Kuscheltiere sind ihm zu gering, um sich darum zu kümmern. Oder genau genommen, für das Herz eines kleinen Mädchens zu sorgen.

Hab Mut, das Unvorstellbare von Gott zu erwarten – statt auf deinen eigenen Verstand und deine eigene Kraft zu vertrauen.

Ellen Nieswiodek-Martin

Als Jesus sich schon der Stelle näherte,
wo der Weg vom Ölberg
nach Jerusalem hinunterführt,
brach die ganze Menge
der Jünger in Jubel aus.
Sie dankten Gott für die vielen

Wunder

die sie miterlebt hatten.

Lukas 19,37

MEINE *Wunder* MOMENTE

_____

_____

_____

_____

_____

_____

_____

_____

_____

_____

_____

_____

_____

KAPITEL 4

Gesehen

Friedensbringer auf vier Beinen

Die Besichtigung unserer potenziellen ersten gemeinsamen Wohnung haben mein Verlobter und ich mit Spannung erwartet. In Gedanken hatten wir uns bereits ausgemalt, wie schön es sein würde, morgens nebeneinander aufzuwachen, in der eigenen Küche zu kochen oder auf dem Balkon gemeinsam den Sonnenaufgang zu genießen.

Von dieser Romantik spürte ich an diesem Tag allerdings nicht viel. Der Besichtigungstermin war vorverlegt worden, hinter mir lagen einige stressige Wochen, und wir hatten bisher kaum Zeit gefunden, über unsere konkreten Vorstellungen von der ersten Wohnung zu sprechen. Als ich nach einem vollen Arbeitstag erschöpft bei meinem Verlobten ankam, empfing er mich in freudiger Aufregung. Ich aber hatte gar keine Gelegenheit, mich einzustimmen auf das, was uns erwartete.

Wir machten uns auf den Weg und wurden vor Ort sehr herzlich von den Vermietern begrüßt. Die Wohnung war groß, schön gelegen und erschwinglich. Meinem Verlobten sah ich die Begeisterung an. Mein Kopf war allerdings noch so voll von anderen Dingen, dass ich die vielen Eindrücke nicht gleich einordnen konnte.

Als wir nach der Besichtigung darüber sprachen, brach ich in Tränen aus. Nicht, weil mir die Wohnung nicht gefallen hatte, sondern einfach, weil der Tag für mich so anstrengend gewesen war und die ganze Anspannung nun von mir abfiel. Meine Gedanken und Gefühle musste ich erst einmal sortieren. Mein Freund versuchte, verständnisvoll zu sein und mich zu trösten, war aber ganz offensichtlich enttäuscht darüber, wie der Abend verlaufen war. In missmutiger Stimmung verabschiedeten wir uns. Ich war wütend auf mich selbst und machte mir Vorwürfe: *Nun habe ich uns diesen Tag verdorben, weil ich mich nicht zusammenreißen und mit ihm freuen konnte!*

Mit einem Kloß im Hals setzte ich mich ins Auto und wollte gerade losfahren, da sah ich im Rückspiegel, wie mein Verlobter mir zuwinkte und zu verstehen gab, dass ich noch einmal aussteigen sollte. Verwundert ging ich auf ihn zu. Er nahm mich wortlos bei der Hand, führte mich ums Auto herum und zeigte in den Garten. Da sah ich es: Nur wenige Meter von uns entfernt graste ein Reh in aller Seelenruhe auf der Wiese. Vom Starten des Motors hatte es sich gar nicht stören lassen.

Andächtig beobachteten wir zusammen das zarte Geschöpf im Abendlicht, und ich spürte, wie sich bei diesem friedlichen Anblick auch Frieden in unsere Herzen schlich. Nach einer Weile verschwand das Reh mit einem eleganten Sprung über den Gartenzaun. Glücklich über diesen schönen Moment nahmen wir uns in den Arm und entschuldigten uns gegenseitig, dass wir uns so lieblos getrennt hatten. Mit einem Lächeln auf den Lippen fuhr ich nach Hause.

Gott hat uns ein kleines Wunder auf vier Beinen geschickt, um uns zu versöhnen und daran zu erinnern: Seiner Liebe und Fürsorge können wir immer gewiss sein – egal, wie wir uns gerade fühlen.

Deborah Pulverich

Von Staub zu Gold

Als ich an diesem Tag aufstand, konnte ich beinahe spüren, wie schwer mein Herz war. Meine ersten Gedanken waren voller Sorgen und meine gute Laune tief vergraben im Sumpf meines Selbstmitleids. Ich quälte mich aus dem Bett, stellte meine Lieblings-Lobpreismusik an und versuchte, die schlechte Laune zu vertreiben. Das klappte so lange, bis ich allein in der Bahn saß und meine Gedanken wieder zu meinen Problemen abschweiften. Mir wurde erneut bewusst, wie traurig ich eigentlich war. Ich wäre am liebsten wieder in mein Bett zurückgekrochen und hätte mich unter der Decke versteckt.

Aber es half nichts: Ich musste diesen Tag überstehen. Doch so sehr ich es auch versuchte, irgendwann gewann meine Trauer überhand und ein paar Tränen rollten über mein Gesicht. Ich gebe ehrlich zu: Ich hätte mir sehr gewünscht, dass Jesus eingreift und mir diesen Schmerz abnimmt. Ich hätte mir gewünscht, dass er mir gute Laune schenkt, meine Tränen durch Freude ersetzt und Lösungen für meine Probleme herzaubert. Doch das tat er nicht. Und es fühlte sich so an, als ließe er mich mit meinem Schmerz allein.

Wenn ich mich von Gott verlassen fühle, dann beginne ich, an ihm zu zweifeln. Ich stelle ihn infrage und beginne damit, die Dinge, die er gesagt hat, nicht mehr ganz so ernst zu nehmen. Mich abzulenken und mit anderen Dingen aufzufüllen. Mit Dingen, die mich langfristig nicht zufriedenstellen, aber mir für ein paar Stunden Befriedigung verschaffen. Das Problem ist nur: Die Trauer verschwindet nicht. Sie wird eher größer. Und die Leere kommt wieder. Egal, wie sehr ich es auch versuche. Sie kommt wieder.

Als ich irgendwann am Abend merkte, dass ich einfach nicht über meine Traurigkeit hinwegkam, setzte ich mich ans Klavier. Ich nahm all meine Gedanken zusammen und versuchte, daraus ein Lied zu kreieren. Und obwohl ich nicht damit gerechnet hatte, sprudelten die Ideen nur so aus mir heraus. Ich konnte das, was ich fühlte, endlich in Worte fassen. Ich konnte dem Schmerz Ausdruck geben und ihn Jesus vor die Füße werfen, ihn durch die Musik loslassen. Mein Herz wurde leichter. Die Wut über den Tag verflog und ich konnte aufatmen. In diesem Moment wusste ich: Auch wenn Jesus mir meinen Schmerz nicht immer nimmt, er lässt mich damit nicht allein. Er hilft mir, meinen persönlichen Weg hindurch zu finden.

Jesus hat mir in dieser Situation gezeigt: Er kann aus allem etwas Wundervolles machen. Auch wenn ich den Mut verliere. Auch wenn ich an ihm zweifle. Also entscheide ich mich heute erneut, meinen Blick auf ihn zu richten, mich in seine Arme fallen zu lassen und mich daran zu erinnern, wer er ist: der Sohn Gottes. Mein Retter, auf den ich schaue. Denn er macht Staub zu Gold.

Shirien Pfitzer

P. S.: Ich liebe dich! Dein Vater.

Schmerzen.

Ich kann nicht schlafen. Mein Rücken schmerzt.

Sorgen. Ich kann nicht schlafen und wälze mich auf der unbequemen Matratze von einer Seite zur anderen. Was ist im Moment zu Hause los? Ich kann nicht loslassen. Was machen die erwachsenen Kinder, die gerade unsere Wohnung bevölkern? Die Nachbarin meldet sich auf meinem Handy. Sie sorgt sich und nun mache ich mir auch Sorgen …

Urlaub. Eine Woche Urlaub auf der autofreien Ostseeinsel Hiddensee. Sehnsucht nach Ruhe. Und ich, ich finde keinen Frieden. Nach dem Urlaub steht eine Behandlung mit starken Medikamenten an. Werde ich die vertragen? Werde ich endlich wieder gesund werden? Zweifel. Waren die Entscheidungen der letzten Monate und Jahre richtig? Das Leben auf den Kopf gestellt, neu angefangen?

Heute hat mein Mann Geburtstag, ich quäle mich vorsichtig aus dem viel zu weichen Bett der kleinen Ferienwohnung, die direkt hinter den Dünen liegt. Es ist etwa fünf, halb sechs … Die Sonne wird gleich aufgehen. Ich werde ihm einen Strauß Kartoffelrosen in den Dünen schneiden. Vorsichtig öffne ich die Bestecklade der winzigen Küche und stecke mir ein krummes Messerchen mit schwarzem Griff in den verblichenen Stoffbeutel.

Ganz leise. Ganz leise verlasse ich die Wohnung. Sekunden später erblicke ich das erste purpurfarbene Rot am Himmel über den tiefen reetgedeckten Dächern, die sich hinter der Düne verstecken. Sonnenaufgang. Hinter mir braust das noch dunkle Meer und singt sein Morgenlied. Die Möwen schlafen auf den runden Hölzern der Buhnen, die aus dem Wasser ragen. Fischerboote liegen wie kleine Walfische auf dem Bauch und ruhen sich noch aus. Ich halte mich am Geländer fest und steige die Treppe zum Strand hinab. Der Sand am Ufer ist glatt und grau. Kein Fuß hat seinen Abdruck hinterlassen. Ich bin der erste Mensch, der heute hier entlanggeht. Allein. Ich gehe und gehe.

Barfuß. Ich bin allein und die Tränen laufen mir übers Gesicht.

Traurig. Ich bin so traurig, es ist, als ob aller Schmerz, alle Enttäuschung, die ich je erlebt habe, alle Angst und Sorge sich Bahn brechen. Es ist, als ob ich ganz allein und im Universum verloren bin.

„Herr, wo bist du?"

Über die Düne wandert der erste Strahl der aufgehenden Sonne und fällt genau vor meine Füße. Eine sanfte Welle zieht sich vorsichtig zurück und hinterlässt spiegelglatten feuchten Sand und ein Leuchten! Direkt vor meinen Füßen glitzert ein Stück Sonne. Nicht versteckt, nicht unter Seetang und Holzsplittern begraben, nicht im wilden Sturm nach oben gespült. Das Meer liegt ganz ruhig, es glitzert und schimmert und wiegt sich ganz sanft. Keine Wolke am Himmel …

Fein säuberlich vom Meerwasser blankgeputzt liegt er vor mir, honigfarben und wunderschön: ein Bernstein! Sonnenblumengelb, geformt wie ein Tropfen, wie eine Träne, fast daumenlang. Eine Überraschung, wie ein Gruß von meinem himmlischen Vater: „Mein Kind, du bist nicht allein, sieh, wie wunderbar ich dies alles um dich herum erschaffen habe. Genieße es." Und: P. S.: „Ich liebe dich!"

Neue Tränen. Freudentränen. Vergeblich habe ich mir immer gewünscht, einmal einen Bernstein zu finden, und stundenlang das Ufer und den Muschelschlick abgesucht. Einheimische erklärten mir, dass die Hauptzeit, Bernstein zu finden, bei drei bis vier Grad Wassertemperatur und nach Spätherbst- und Winterstürmen sei. Heute ist der erste September, es wird ein heißer Tag, fast windstill. Und ich finde, direkt vor meinen Füßen, ein so wunderschönes Exemplar. Ich lege den leuchtenden Stein in meine Hand und dann an meine Wange, langsam wird er warm, wie meine Haut.

„Oh mein lieber Vater, ich danke dir! Vergib mir meine Traurigkeit. Ich will dir vertrauen. Wie schön hast du diesen Flecken Erde und das Meer erschaffen." Und: „Danke, dass du mir so eine große Freude gemacht hast." Ich sehe den immer blauer werdenden Himmel, das Meer, das dessen Farbe langsam annimmt, die weißen, rosé- und magnolienfarbigen Heckenrosenblüten, schimmernde Hagebuttenperlen zwischen den orangegepunkteten Sanddornbüschen. Grünbraunes Dünengras, das sich in sanften Wellen wie ein eigenes Meer hin und her bewegt, einen Horizont, der im immer heller werdenden Licht unendlich erscheint. An der Hütte der Strandwache hängt eine Schiefertafel. Darauf steht mit weißer Kreide der Satz: „Was habe ich für ein wundervolles Leben. Ich wünschte, ich hätte es früher bemerkt."

Befreiung!

Mit einem Lächeln im Gesicht schneide ich die stachligen Wildrosenzweige ab, die zarten Blüten duften wunderbar. Zurück im Quartier richte ich leise den runden Küchentisch für den Geburtstag her. Das goldene Fundstück lege ich neben die Tasse, die ein Bild des großen Leuchtturms der Insel ziert und die mein Mann heute geschenkt bekommt.

Als ich mit frischen Brötchen erneut die kleine Küche der Ferienwohnung betrete, hat das Geburtstagskind sich bereits ins kühle Nass gestürzt. Es beginnt ein wunderschönes Geburtstagsfest mitten im Urlaub. Mein Gatte ahnt noch nichts: Später werden wir in einer romantischen Pferdekutsche die Dünenheide bewundern … Ich freue mich so!

Keine Schmerzen mehr, ich kann loslassen …

Ich halte die Nachricht meines Vaters in Händen und zeige sie meinem erstaunten Mann. Der Bernsteinkünstler von Vitte fertigt mir noch am selben Tag einen Anhänger daraus: „Wo haben Sie denn diesen Stein gefunden? So ein Fund ist selten bei diesem Wetter und am Badestrand!"

Ich lasse meinen Stein, mit einem zarten Band versehen, unbearbeitet. Nur ein feines Loch wird vorsichtig durch die schmalste Stelle des Tropfens gebohrt. Er soll so bleiben, wie ich ihn gefunden habe, nicht poliert und ungeschliffen – eine honiggelbe Träne. Aber auch ein Stück Sonne für mein Herz, ein Trost, eine wunderbare Überraschung und eine Erinnerung – P.S.: „Ich liebe dich!"

Dein Vater.

Maria Ebert

Sturmstillung im Kinderzimmer

Meine Nerven liegen bloß. Mein Sohn hat in einem Wutan-
fall einen Sprung in unsere Badewanne gemacht, die heute
besonders hoch gefüllt ist. Ein großer Schwall Badewasser
überflutet unseren Badezimmerboden. Mein Sohn weiß
genau, dass er in der Badewanne nicht spritzen darf. Das
ist etwas für draußen. Eigentlich habe ich mit ihm abge-
macht, dass er heute, nachdem alle Geschwister aus der
Badewanne raus sind, noch allein baden darf. Doch dieser
Regelbruch ist mir zu viel. Ich entscheide, dass er heraus-
kommen und den Boden putzen soll und heute auch nicht
mehr baden darf. Es tut mir selbst weh, denn ich weiß, dass
es ihm viel bedeutet hat. Jedoch habe ich ihm heute schon
mehrere Verwarnungen gegeben und entscheide mich deshalb, konsequent zu sein.

Jetzt geht das Geschrei erst richtig los. Mein Sohn trotzt
weiter und noch intensiver. Ich bringe ihn in sein Zimmer.
Dort wirft er mit Dingen um sich. Ich gebe ihm ein Stoff-
tier, das er zum Werfen benutzen darf, weil es nichts kaputt
macht. Mein Sohn lässt seiner Wut freien Lauf. Ich gehe
kurz raus.

Ich brauche Luft. Ich fühle mich ausgelaugt, müde und
erschöpft. Es ist kurz vor der Schlafenszeit der Kinder und
oft drehen dann nochmals alle auf. Und wenn ein Kind so
auf Hochtouren ist wie gerade das wütende Kind im Zimmer hinter mir, dauert es lange, bis das hitzige Gemüt wieder beruhigt ist. Ich seufze und denke an das gute Buch,
das ich heute, wenn alle im Bett sind, weiterlesen will, den
Tee dazu, die Kuscheldecke… Das muss jetzt wohl noch
eine Weile warten.

Ich gehe zurück ins Badezimmer und putze den Boden nach. Meinen Sohn höre ich einen Stock höher noch immer wüten. Da kommt mir ein Gedanke. Vor Kurzem hat mir jemand den Rat gegeben, in einer solchen Situation, wo die Nerven blank liegen, bis zehn zu zählen, um mich selbst damit zu beruhigen und kurz überlegen zu können, wie ich reagieren will – damit ich anschließend nichts bereuen muss. Dazu kam mir damals noch die Idee: Ich könnte auch, anstatt zu zählen, kurz beten und Jesus um Hilfe bitten. Das tue ich nun. Ich rede laut mit Jesus, während ich den Boden aufwische. Ich bitte ihn um Hilfe, dass ich diese Situation jetzt gut lösen kann. Ich sage ihm, dass ich k. o. bin und doch nur mein gutes Buch lesen will. Ich bitte ihn um Weisheit im Umgang mit meinem Sohn und dass er Frieden in die Situation bringt.

Dann gehe ich zurück zu dem noch immer wütenden Kind. Innerlich fühle ich mich auf einmal ruhig und streichle meinen Sohn vorsichtig. Diese sanfte Berührung soll eine Anfrage ohne Worte von mir sein: „Bist du bereit, dich trösten zu lassen?" Er versteht die Anfrage genau und es löst sich etwas in ihm. Wie ein Kätzchen kommt er auf meinen Schoß und klammert sich ganz fest an mich. Wir umarmen uns einige Zeit einfach nur. Mein Sohn kann weinen, der Enttäuschung und dem Frust Raum geben, und ich versuche, ihn ohne Worte zu beruhigen, indem ich seinen Rücken streichele. Darauf sagt mein Sohn: „Es tut mir leid, Mami." Wenn ein Kind dies von sich aus sagt, berührt das mein Herz jedes Mal. Ich entgegne: „Ich vergebe dir. Ich habe dich lieb!"

Der Frieden zwischen uns ist wiederhergestellt. Nach heftigem Sturm – mit echten Wellen und Überschwemmung – ist da wieder Ruhe und Versöhnung. So schnell haben wir selten einen Konflikt gelöst und ich danke Jesus in meinem Herzen. Er hat mein Gebet erhört. Die Kraft des Gebets und der Beistand meines Freundes Jesus wird mir neu bewusst. Es berührt mich, dass er mitten in meinem Alltag ist und mir in meinen großen und kleinen Kämpfen zur Seite steht. Der weitere Abend verläuft ohne Konflikte, und als die Kinder im Bett sind, genieße ich endlich mein gutes Buch mit warmem Tee und Kuscheldecke.

Mirjam Eggimann

Im Herzen ein Lied

Schon seit Monaten konnte ich nicht mehr singen. Im Gottesdienst saß ich steif auf meinem Stuhl, inmitten von Menschen, die gemeinsam Lobpreislieder sangen. Ich selbst brachte keinen Ton heraus. Während ich dem Gesang der anderen lauschte, bildete sich in meinem Hals ein dicker Kloß. Irgendetwas verhärtete mein Herz und hinderte mich daran, Gott zu loben. Dabei hatte ich doch so viel Grund, ihm zu danken! Es war ein Jahr voller Segen gewesen: Nach meinem Uniabschluss hatte ich einen wunderbaren Job bekommen, eine schöne Wohnung gefunden und einen Mann geheiratet, der mir jeden Tag zeigte, wie geliebt ich bin.

Und doch saß ich hier, Woche für Woche, und senkte den Blick, wenn andere die Hände hoben. Anstatt auf das Gute zu schauen, kreisten meine Gedanken um Ängste und Sorgen, um meine Schwächen und Fehler. Ich beneidete die anderen Frauen um mich herum, die so viel fröhlicher und freier zu sein schienen – und auch noch so viel schönere Stimmen hatten als ich. Meine eigene schien es im Vergleich gar nicht wert zu sein, gehört zu werden.

Mir war klar, dass diese Gedanken nicht dem entsprachen, was Gott über mich denkt. Aber ich schaffte es nicht, die Kraft aufzubringen, um gegen sie anzukämpfen. Ich schämte mich umso mehr dafür und fühlte mich der Gegenwart Gottes nicht würdig, die gerade in der Lobpreiszeit so spürbar wurde. Bis an einem Sonntag eine junge Frau die Bühne betrat, um von einem Erlebnis mit Gott zu erzählen.

Sie sprach von ganz ähnlichen Gefühlen in einer Zeit, in der es ihr schwergefallen war, Gott zu preisen. Dann hatte Gott ihr ein Zeichen geschenkt, das ihre innere Haltung veränderte. In diesem Moment hatte sie erkannt: „Auch wenn ich mich überhaupt nicht danach fühle – Gott kann ein Lob in mir bewirken."

Dieser Satz traf mich tief. Ich verstand, dass Gott mich aufforderte, endlich loszulassen und ihm zu erlauben, in meinem Herzen zu wirken. Also rang ich mich zu einem einfachen Gebet durch: „Herr, bewirke du dein Lob in mir." Augenblicklich spürte ich, wie meine innere Mauer fiel. Ich hatte die Worte kaum ausgesprochen, da kam mir auf einmal ein Lied in den Sinn. Leise begann ich, die Melodie zu summen, während die Frau die Bühne verließ. Dann stimmte die Band das nächste Stück an – und ich traute meinen Ohren kaum: Es war das Lied, das bereits in mir angeklungen war! Mir stiegen Tränen in die Augen. Der Text beschrieb genau das, was ich gerade erlebte:

Du erleuchtest alle Schatten,
erklimmst alle Berge,
um mir nachzugehn.
Du zerstörst alle Mauern,
vertreibst alle Lügen,
um mir nachzugehn.

In diesem Moment konnte ich nicht anders als zu singen. Nicht laut und sicher, auch nicht besonders gut. Aber aus tiefstem Herzen.

Deborah Pulverich

Befreiendes Schweigen

Mit gesenktem Kopf auf sein Tablet starrend saß der Junge mit riesigen, leuchtend blauen Kopfhörern im Vorzimmer meiner Praxis. „Guten Tag. Das ist Max", sagte seine Mutter, schob ihren Sohn resolut in meine Richtung und verabschiedete sich: „Ich komme in einer Stunde wieder!" Sie drehte sich auf dem Absatz um und verließ den Raum.

Max folgte mir ohne Widerspruch, auf den Boden starrend, in den Lerntrainingsraum. Wir setzten uns erst einmal auf das Sofa, denn ans Trainieren oder Lernen war nicht zu denken. Mir tat der Junge leid. Er schien mit seinen Gedanken in einer völlig anderen Welt zu sein. Seine Mutter hatte mir bereits im Vorfeld von Max' Schulängsten, von Mobbing und Versagen erzählt. Seine Versetzung sei gefährdet und es ginge auch zu Hause gar nichts mehr – Max würde auch mit den Eltern nur mehr das Nötigste sprechen. Ich war also vorbereitet, aber die Lage war beklemmender als gedacht. Auf meine Fragen reagierte er nicht. Solch eine Situation hatte ich in all den Jahren noch nie erlebt. Was sollte ich nur tun? Ich beschloss, die Zeit zu nutzen, um für Max zu beten.

Max starrte auf sein Tablet, ich saß daneben und betete, aber nichts geschah. Ich kam mir unfähig vor. Als schließlich seine Mutter klingelte, um ihren Sohn abzuholen, dachte ich: *Was habe ich schon für Max getan? Gar nichts! Die Zeit war wohl umsonst. Ich werde Max' Mutter sagen, dass sie diese Stunde nicht bezahlen muss.*

Ich tippte Max auf die Schulter: „Du wirst jetzt abgeholt." Max folgte mir in den Vorraum, wo bereits seine Mutter wartete. Sie verdrehte die Augen, als sie sah, dass

Max noch immer die Kopfhörer aufgesetzt hatte. Mir war die Sache äußerst unangenehm. Ich fühlte mich wie eine Anfängerin in meinem Job. In diesem Moment nahm Max die Kopfhörer ab, blickte mich an und meinte: „Danke für die coole Stunde. Bis nächste Woche!" Ich dachte, ich hätte mich verhört. Max' Mutter lächelte überrascht und die beiden verabschiedeten sich.

Nachdenklich und ein wenig beschämt blieb ich zurück. Gebet ist niemals umsonst. Gott hatte begonnen, im Herzen dieses verletzten, enttäuschten und entmutigten Kindes zu arbeiten. Langsam und leise. Mit einer Stunde „schweigen dürfen".

Es kommt nicht auf meine Erfahrung und mein Know-how als Pädagogin an, sondern auf Gottes Weisheit und Kraft. Er weiß, was jeder Einzelne braucht. Er ist der beste Pädagoge, den es gibt. Wie schön, dass ich einen so wundervollen Gott an meiner Seite habe. Wenn ich auf ihn höre und zu ihm bete, ist keine Trainingsstunde umsonst. Ich erlebe viel mehr kleine Wunder, die er in den Herzen und im Leben meiner Schüler bewirkt.

„Meine Gnade ist alles, was du brauchst,
denn meine Kraft kommt gerade in deiner
Schwachheit zur vollen Auswirkung."
(2. Korinther 12,9)

Roswitha Wurm

SMS von Gott

Ich habe mir schon oft gewünscht, dass Gott ganz klar zu mir redet. Mir genau sagt, was ich tun und wie ich entscheiden soll. Leider hat er das so direkt bisher nicht getan. Möglicherweise liegt das auch daran, dass ich meistens sehr beschäftigt bin und manche Hinweise nicht wahrnehme. Aber dann kam der Abend, an dem ich eine Botschaft erhielt, die eigentlich nur von Gott kommen konnte.

Es war ein dunkler Winterabend und ich wollte eine Freundin besuchen. Zuvor wollte ich noch kurz im Elektrofachmarkt nach einem Geschenk für meine Tochter schauen.

Der nette Verkäufer dort zeigte mir alle möglichen Geräte, aber ich konnte mich nicht entscheiden. Ich zog das Handy aus der Tasche und machte ein Foto, um zu Hause noch einmal nachzudenken, ob es das richtige Geschenk wäre. Dann fuhr ich zu meiner Freundin. Sie erwartete mich schon und wir setzten uns an den Esstisch. Meine Tasche mit dem Handy ließ ich neben dem Sofa stehen. Wir redeten lange, auch über unseren momentanen Stress und wie wir die bevorstehenden Weihnachtstage verbringen wollten.

Später, als ich geplant hatte, fuhr ich nach Hause.

Dort angekommen, hängte ich meine Jacke auf und zog das Handy aus der Tasche. Auf dem Display sah ich eine Nachricht:

„Renne nicht die ganze Zeit herum, sonst verpasst du die Begegnung mit mir."

Verwirrt starrte ich auf das Handy. Kein Absender. Der Text stand einfach so im Textfeld einer SMS. Hatten meine Freundin oder ihr Mann mir diese Nachricht auf das Handy getippt? Kaum vorstellbar, denn meine Tasche hatte die ganze Zeit neben dem Sofa im selben Raum gestanden. Das letzte Mal hatte ich das Handy im Elektromarkt in der Hand gehabt. Hatte ich versehentlich diesen Text dorthin geschrieben? Unmöglich, denn diese Worte waren mir bisher nirgends begegnet.

An diesem Abend hatte auch niemand anders Zugang zu meinem Handy. Außerdem war das Gerät ja durch einen Pin gesperrt. Ich versuchte, einen Absender herauszufinden; das führte leider dazu, dass die Nachricht verschwand. Konnte es sein, dass Gott mir eine SMS geschrieben hatte, um mir etwas zu sagen?

Da ich sehr müde war und Angst hatte, bis zum nächsten Morgen den Text zu vergessen, schrieb ich ihn auf einen Zettel, den ich im Schlafzimmer aufhängte.

Am nächsten Tag sah ich den Zettel mit der Nachricht. Das musste ein deutlicher Hinweis von Gott sein. Und er berührte einen wunden Punkt, denn ich war eigentlich immer im Einsatz – für den Beruf, die Familie, die Gemeinde. Hinsetzen und auf Gott hören kam definitiv oft zu kurz.

Nun hatte ich eine klare Aufforderung von Gott. Für Gott ist nichts unmöglich, also konnte er auch eine SMS in meinem Handy erscheinen lassen. Der Zettel begleitete mich über die nächsten Monate und beeinflusste zahlreiche Entscheidungen im Alltag. Und ich staune bis heute darüber, welche Wege Gott nutzt, um uns zu erreichen.

Ellen Nieswiodek-Martin

Singt dem Herrn ein neues Lied,
denn er hat

Wunder

getan! Der heilige Gott
hat den Sieg errungen
durch seine gewaltige Kraft.

Psalm 98,1

MEINE *Wunder* MOMENTE

_____

_____

_____

_____

_____

_____

_____

_____

_____

_____

_____

_____

_____

KAPITEL 5

Versorgt

Wunderbar versorgt

Als unser erster Sohn geboren wurde, wohnten wir in einer schönen Neubauwohnung, recht zentral in Heilbronn. Uns war aber klar, dass die Wohnung bei weiterem Familienzuwachs zu klein werden würde, und so machten wir uns auf die Suche nach einem neuen Zuhause. Wir träumten von einem Haus mit Garten, in dem unsere Kinder unbeschwert spielen könnten und Platz für selbst angebautes Obst und Gemüse vorhanden wäre. Zu dieser Zeit waren wir in der Jugendarbeit unserer Gemeinde sehr engagiert und einmal wöchentlich fanden die Jungs- und Mädchen-Kleingruppen bei uns zu Hause statt. Daher sollte das Haus auch so zentral liegen, dass es gut erreichbar wäre und wir nur einen kurzen Weg zu unserem Gemeindehaus hätten. Monatelang durchforsteten wir die Anzeigen im Internet und stellten bald fest, dass es beinahe unmöglich war, etwas Passendes zu finden. Entweder waren die Häuser zu teuer oder zu weit weg und insgesamt war der Markt ziemlich abgegrast.

Eines Tages hörte ich Gott zu mir sprechen: „Nimm den Kinderwagen und geh mit deinem Sohn im Wohngebiet auf der anderen Seite der Sontheimer Straße spazieren. Ich habe dort ein Haus für euch." Zunächst zweifelte ich stark daran, dass das wirklich Gottes Stimme und nicht etwa mein Wunschdenken gewesen war, aber ich machte mich doch auf den Weg.

Die Doppelhaushälften in jenem Wohngebiet waren zwar alt, aber hübsch renoviert und sie hatten alle einen kleinen Garten. Ich lief die Straßen entlang und fragte mich allen Ernstes, wie wir an eines dieser Häuser kommen sollten. Einige schienen gerade erst die Besitzer gewechselt zu haben, und sicherlich gingen sie unter der Hand weg, ohne ausgeschrieben zu werden. Es schien aussichtslos zu sein – bestimmt hatte ich mich da verhört. Doch immer, wenn ich an unsere Wohnsituation dachte, hörte ich, wie Gott mir eine Liedzeile zuflüsterte: „Hilfe ist vor der Tür, Hilfe ist nah bei dir …"

Als der Wunsch nach einem zweiten Kind bei uns größer und damit die Wohnungsfrage aktueller wurde, bekam eine Familie in unserer Gemeinde die Berufung, als Missionare nach Mosambik zu gehen. Sie hatten gerade erst zwei Jahre in ihrem neu renovierten Haus gewohnt und wollten es nun zwischenvermieten, solange sie im Ausland waren. Es mussten noch einige Formalitäten geklärt werden, aber dann stand fest: Wir konnten tatsächlich in ihr Haus einziehen! Es hatte einen Garten mit Platz für die Kinder, lag sieben Minuten von unserer Gemeinde entfernt und war mit dem Bus gut zu erreichen. Und es lag genau in dem Wohngebiet, in das mich Gott ein Jahr zuvor geschickt hatte mit dem Versprechen, dass er dort ein Haus für uns hätte.

Wir wohnen nun seit über neun Jahren in dem Haus, das uns durch dieses Versorgungswunder Gottes geschenkt wurde, und haben seither häufig erlebt, dass Gott zu Recht den Namen Jaweh Jireh trägt: „Gott, unser Versorger". Wann immer wir etwas brauchen, das unsere Möglichkeiten übersteigt, fällt es uns nun leichter, ihm zu vertrauen, dass er auch für alles andere Wege und Möglichkeiten hat, weit über unsere Vorstellungskraft hinaus. Und es ist wirklich wahr, dass Gott uns mit allem Notwendigen versorgt, wenn wir ihn und sein Reich an die erste Stelle in unserem Leben setzen.

Sarah Mittelstädt

Die leere volle Flasche

Während meiner dritten Schwangerschaft musste ich ein bestimmtes Medikament nehmen. Als ich für unsere vierwöchige Urlaubsreise packte, machte ich mir keine Gedanken um dieses Medikament, denn aus Erfahrung wusste ich, dass man in unserem Reiseland Ungarn dieselben Medikamente bekommt wie hier in Deutschland.

Dort angekommen, stellte ich fest, dass mein Medizinfläschchen fast leer war. In der Apotheke erlebte ich jedoch eine böse Überraschung: Ausgerechnet dieses Medikament gab es in Ungarn nicht zu kaufen, weder auf Rezept noch ohne. Auch ein ähnliches Ausweichprodukt war nicht verfügbar. Nun war guter Rat teuer: Sollte ich mir die Medizin aus Deutschland schicken lassen? Bis sie per Post ankäme, wäre unser Urlaub fast vorbei, das kam also nicht infrage. Sollte ich rund drei Stunden nach Österreich fahren, um es dort in einer Apotheke zu versuchen? Was, wenn ich das Medikament dort auch nicht erhielte? Hin und zurück bräuchte ich über sechs Stunden Fahrzeit, und die womöglich vergebens. Was sollte ich tun? „Bitte, Gott", betete ich, „hilf mir!"

Am nächsten Morgen kam aus dem Medizinfläschchen gerade noch exakt die Anzahl Tropfen heraus, die ich brauchte. Am übernächsten Morgen überraschenderweise abermals. So ging das Tag für Tag. Das Fläschchen war eigentlich leer. Dennoch kam täglich meine benötigte Menge an Tropfen heraus. Wirklich wundersam oder besser gesagt „wunder-voll": Die Flasche war voll genug dank eines göttlichen Wunders!

Nach drei Wochen Ungarn verbrachten wir die letzte Urlaubswoche in Österreich. Als ich dort am ersten Morgen die Medizinflasche umdrehte, war sie leer! So sehr ich auch schüttelte und rüttelte, kein einziger Tropfen kam heraus. Also fuhr ich zaghaft zur Apotheke, ein weiteres Desaster befürchtend. Doch dort – mein zweites Wunder! – bekam ich meine benötigte Medizin, und das sogar rezeptfrei, sodass es keinerlei Umstände machte oder Telefonate mit dem deutschen Arzt brauchte. Meine Dankbarkeit Gott gegenüber war groß!

Mich erinnert dieses Erlebnis an die biblische Geschichte von dem Propheten Elia bei der armen Witwe: Sie hatte nur noch eine Handvoll Mehl und ein paar Tropfen Öl übrig, bevor sie und ihr Sohn aufgrund der großen Dürre verhungern würden. Doch während der Prophet über viele Monate bei ihr als Gast wohnte, ging auf Gottes Versprechen hin das Mehl nicht aus und der Ölkrug wurde nicht leer, sodass sie sowohl ihrem Gast als auch sich und ihrem Sohn täglich genügend Fladenbrot backen konnte. So mussten sie doch nicht verhungern, bis es endlich wieder regnete und die nächste Ernte möglich war (1. Könige 17).

Sowohl Elias Erfahrung als auch meine Geschichte lassen sich gut mit einem Vers aus den Psalmen zusammenfassen: „Der Herr ist mein Hirte, mir wird nichts mangeln" (Psalm 23,1). Wie gut, dass wir einen wunderbaren Herrn haben, der sich so liebevoll um uns sorgt, dass ihm selbst unser kleinstes Problem nicht zu klein ist.

Gabriele Berger-Faragó

Es ist alles bezahlt

Mein Mann und ich waren im Urlaub, als uns die Nachricht erreichte, dass zwanzigtausend Euro vom Pfarrgemeindekonto verschwunden waren. Eine Mitarbeiterin der Gemeinde war Opfer von Betrügern geworden. Niemand machte sich Hoffnungen, dass das Geld wieder auf dem Konto auftauchen würde. Auch die Bank übernahm keinerlei Verantwortung und Haftung.

Das Konto war leergeräumt. Wer haftete nun für das verlorene Geld? Die Mitarbeiterin, die ehrenamtlich arbeitete? Für sie war es schlimm genug, diesen Fehler begangen zu haben. Im Gebet wurde uns bewusst: Wir würden dafür einstehen. Als Pfarrer der Gemeinde würde mein Mann den Schaden übernehmen.

Nun hatten wir selbst nicht so viel Geld zur Verfügung. Wir beschlossen, einen Kredit aufzunehmen und das Geld der Bank zurückzuzahlen. Das war unser Plan und wir machten unseren Frieden damit. Wir wussten nicht, warum wir in dieser Situation steckten, waren aber sicher, dass sie in Gottes Plan für unser Leben passte. Wir baten ihn, uns zu zeigen, was er damit vorhatte. Ab und zu meldeten sich Zweifel, die den inneren Frieden stahlen: *Sollen wir das wirklich tun?* Ruhig wurden wir, wenn wir in der Bibel lasen: „Denn mir, dem Herrn, dem allmächtigen Gott, gehört alles Silber und Gold" (Haggai 2,8) oder „Jeder soll dem anderen helfen, seine Last zu tragen" (Galater 6,2).

Am Abend nach unserer Rückkehr aus dem Urlaub ordneten wir unsere Post und öffneten zuerst einige persönliche Briefe. Einer kam von einem alten Freund meines Mannes. Er öffnete ihn und las. Da traten ihm plötzlich Tränen in die

Augen. Er konnte kaum sprechen. „Lies, lies selbst, was in diesem Brief steht! Wir bekommen ein Geschenk, ein Geldgeschenk – es sind zwanzigtausend Euro", sagte er. Wir waren sprachlos. Das war Gottes persönliches Wunder für uns. Seine übergroße Fürsorge wurde uns zuteil. Keinen Kredit abbezahlen, keine Schulden bei der Bank haben müssen! Unser Herz machte Sprünge.

Nach und nach wurde uns bewusst, wie groß dieses Wunder tatsächlich war: Der Freund hatte den Brief abgeschickt, bevor die Sache überhaupt passiert war. Er konnte nichts von dem Verlust und der getroffenen Entscheidung wissen.

Das nächste Wunder geschah einige Zeit später. Es kam ein Anruf von der Bank, dass fast das ganze Geld wieder auf das Konto zurückgekommen sei. Niemand konnte uns erklären, wie das geschehen konnte. Aus Dankbarkeit haben wir einen großen Teil des Geldgeschenkes an andere Menschen weitergegeben.

Dieses großartige Erlebnis hat uns gezeigt, dass Gott unsere Nöte im Blick hat. Er hat unseren Glauben für neue Situationen gestärkt, die Vertrauen brauchen.

Esther Lieberknecht

Wunder mit Vorurteilen

Innerhalb unseres Missionsdienstes machen mein Mann und ich einen Kurzurlaub an einem wunderschönen Traumstrand in Mombasa. Es ist keine Urlaubssaison. Das Hotel ist bis auf wenige Menschen leer. Wir sind etwas verwundert, als wir sehen, dass sich außer uns nur bikulturelle Paare unter den Gästen befinden. Ein deutscher Mann mittleren Alters sitzt verschüchtert einer sehr jungen kenianischen, noch viel verschüchterteren Frau gegenüber. Sie reden kein Wort miteinander und wirken alles andere als entspannt. Eine ältere deutsche Dame ist da weniger schüchtern: Sie ist überall zu hören und macht keinen Hehl daraus, dass sie schon seit Jahren hierherkommt, um sich die Zeit mit ihrem „kenianischen Boy", wie sie ihn nennt, zu versüßen.

Ein weiteres Paar gesellt sich ins Hotelrestaurant, er Deutscher mittleren Alters, sie junge kenianische Schönheit. *Hier kann man sich wohl einen Urlaubspartner mieten, wie es aussieht!* Mir wird leicht übel. Mit so etwas hätten wir nicht gerechnet. Nicht nur die Situation bereitet mir Unbehagen. Ich bin schwanger im siebten Monat und heute fühle ich mich schon seit dem frühen Morgen unwohl. *Aber es wird wohl wieder vergehen,* so denke ich.

Mein Mann und ich sprechen am Tisch noch eine Weile über unsere Miturlauber und entscheiden uns, ihnen gegenüber offen zu sein, auch wenn uns das hier alles andere als gefällt. Wir nehmen uns vor, mindestens ein Paar kennenzulernen und uns nicht von Vorurteilen bestimmen zu lassen.

Als wir wieder im Hotelzimmer sind, geht ein stechender Schmerz durch meinen Körper. Es zieht im Bauch und den Rücken hoch. Ich kann mich kaum auf den Beinen halten.

Ich muss mich hinlegen und bekomme Angst, dass das verfrühte Wehen sein könnten. Ich ruhe mich den ganzen Nachmittag aus, aber die Wehen gehen nicht weg. Erst abends geht es mir etwas besser und ich kann mit meinem Mann zum Abendessen gehen.

Ein Pärchen ist schon im Speisesaal. Wie wir uns vorgenommen haben, grüßen wir die beiden freundlich und der deutsche Mann geht sofort darauf ein. Wir fangen ein Gespräch an und essen gemeinsam. Zu unserem Erstaunen spricht die kenianische Frau fließend Deutsch. Die beiden haben sich in Deutschland kennengelernt, waren jahrelang Arbeitskollegen, verliebten sich und wollen bald heiraten.

Als wir über unsere Berufe sprechen, fällt mir die Kinnlade herunter: Sie ist Krankenschwester, er Oberarzt der Gynäkologie. Als sich mein Zustand weiter verschlechtert, wird genau dieser Arzt, den wir zuerst verurteilten, unser Retter in der Not. Er stellt verfrühte Wehen fest und rät uns, schnellstmöglich nach Nairobi zu fliegen, wo ein sehr guter Arzt uns weiterhelfen kann.

Ich bin völlig erstaunt, über welche Wege Gott uns versorgt, und froh, dass wir uns nicht von unseren Vorurteilen haben leiten lassen, sondern von Gottes Liebe und Barmherzigkeit, die jedem Menschen gilt.

Katrin Schmidt

Die Speisung der vier Obdachlosen

Mit einigen Stangen Baguette, die aus meinem Rucksack herausragten, sah ich wahrscheinlich lustig aus. Wir waren damals mit der Schulklasse in Paris unterwegs und wollten spät abends noch ein Picknick auf den breiten Treppenstufen vor der berühmten Kirche Sacré-Coeur machen. Ich war mit anderen zusammen für das Besorgen von Brot zuständig gewesen. Nach langer Suche waren wir fündig geworden. Es gab in der Gegend wenige Bäckereien, die zu der späten Uhrzeit noch geöffnet und außerdem das Gewünschte vorrätig hatten. Wir waren stolz und froh, als wir endlich unsere französischen Brote in der von uns benötigten Menge ergattert hatten.

Plötzlich rempelten mich lächelnd und neugierig vier Obdachlose an und zeigten auf die langen Brotstangen in meiner Tasche. Der Anblick des knusprig frischen Gebäcks machte sie hungrig und sie wollten gerne etwas davon haben. Als junges Mädchen reagierte ich instinktiv etwas abweisend den Männern gegenüber. Aber als ich merkte, dass sie es wirklich nur auf die Baguettes abgesehen hatten, ließ ich mich erweichen und brach jedem ein Stück ab. Ich erinnerte mich an meine gläubige Mutter, die Hilfsbedürftigen selten Geld in die Hand drückte, aber nie etwas zu Essen verweigerte. „Als Christ kann ich niemanden abweisen, der hungrig ist", dachte ich mir. Meine Mitschüler hatten allerdings Bedenken, dass es jetzt nicht mehr für uns alle ausreichen würde. Um Ersatz zu besorgen, hatten wir keine Zeit mehr.

Der Vorfall sprach sich in der Klasse herum und einige waren verärgert über mich. Interessanterweise reichte das

Baguette an diesem Abend beim Picknick trotzdem für alle zum Sattwerden. Sogar auf der Rückfahrt von Paris am nächsten Tag aßen noch einige Schüler im Zug von den Brotresten. Für mich war das eine wundersame Vermehrung, an die ich bis heute noch denke. Oft, wenn ich zögere, etwas abzugeben, rufe ich mir diese wunderbare Geschichte in Erinnerung. Gott wird mich nicht leer ausgehen lassen, wenn ich etwas verschenke und dabei eine liebende Herzenshaltung habe. In der Bibel verspricht Gott in Maleachi 3,10–11, dass er uns überreich mit seinem Segen beschenkt, wenn wir großzügig sind.

Dass seine Zusage stimmt, erlebe ich immer wieder. Gerade neulich habe ich jemandem eine Kette und passende Ohrhänger gekauft, die ich am liebsten selbst behalten hätte. Es war ein Bibelvers darauf abgedruckt und ich musste dabei an eine Person denken, die gerade Trost gebrauchen konnte. Nur kurze Zeit, nachdem ich den Schmuck verschenkt hatte, bekam ich einen Gutschein – genau für den Laden, in dem ich das Geschenk für meine Freundin gekauft hatte. Jetzt werde ich mir selbst auch so ein schönes Schmuck-Set gönnen!

Für mich war das wieder ein kleiner Fingerzeig von Gott, dass ich großzügig sein soll, wenn es um andere geht, und dass ich nicht leer ausgehen werde. Die von mir beschenkte Freundin hat sich so sehr über meine Aufmerksamkeit gefreut, dass mir dieser Dank schon ausgereicht hätte, um mich glücklich und zufrieden zu fühlen. Doch manchmal zeigt mir Gott schon hier auf der Erde seine unendliche Großzügigkeit, indem er mich auch mit materiellen Dingen überrascht – und ich darf von ihm lernen!

Sonja Kilian

Warten auf die neue Wohnung

„Lass mich am Morgen hören deine Gnade, denn ich vertraue auf dich! Tu mir kund den Weg, den ich gehen soll, denn zu dir erhebe ich meine Seele" (Ps. 143,8).

Zusammen mit meiner jüngsten Tochter (damals 19 Jahre) bewohnte ich unser sanierungsbedürftiges Haus. Meine Ehe war gescheitert und die viele Arbeit mit Haus und Garten nicht mehr zu schaffen. Doch im August 2011 legte Gott uns aufs Herz, unser Haus zu verkaufen. Ein Makler war schnell gefunden und die Hausbesichtigungen begannen. Junge Leute wollten das Haus kaufen und im Garten feierten wir eine Abschiedsparty. Da wir noch selbst heizen mussten, war genügend Holz für ein großes Lagerfeuer vorhanden.

Tage später die Absage – kein Hausverkauf. Was sollte nun werden? Der Winter stand vor der Tür und wir brauchten Heizmaterial.

Gott gab mir ein Wort (und dies mehrmals): „Werft euer Vertrauen nicht weg…" (Hebräer 10,35). Das liest sich leicht, aber fordert in der Praxis heraus. Wieder und wieder fanden Besichtigungen statt, und mir fiel es immer schwerer, unseren privaten Bereich zur Schau zu stellen. Zweifel kamen und unter Tränen fiel es mir schwer zu glauben.

Sollte Gott wirklich gesagt haben…? Es waren schon bald zwei Jahre vergangen. Ich erinnerte mich an einen Segensspruch und wurde neu ermutigt: „Habe deine Lust am Herrn…" (Psalm 37,4).

So googelte ich nach Wohnungen mit der Feststellung – keine für mich dabei. Eine liebe Schwester aus unserer

Gemeinde sagte mir zum wiederholten Mal: Ich weiß, Gott hat eine wunderschöne Wohnung für dich. Aber wo sollte die sein? Außerdem musste ich zuerst einmal verkaufen. Gott redete wieder mit mir. „Denk nicht an das Frühere … siehe, ich wirke Neues …" (Jesaja 43,18). Ich wollte es glauben und schrie zu Gott, meine Umstände sagten etwas anderes.

April 2013. Nach einem langen Winter wieder Hausbesichtigung. Wir hatten einen Käufer. Der Notartermin dann Anfang Juli und wir mussten unser Haus bis Ende September räumen. Jetzt brauchten wir eine Wohnung. Durch eine liebe Bekannte bekamen wir einen Tipp: Wohnung frei in einem kleinen Ort. Ich wollte so gern wieder aufs Dorf. Wir machten uns sofort auf den Weg.

Das Unfassbare war geschehen. Für meine Tochter eine Zwei-Raum-Wohnung und im Nachbarhaus eine Drei-Raum-Wohnung für mich. Noch während der Besichtigung hörte ich Gottes Stimme in meinem Herzen. Das ist deine Wohnung. So ging es los. Alle Unterlagen zur Hausverwaltung. Dann der Rückruf mit der Frage: Wie ich wohl jeden Monat die Miete zahlen will als Selbstständige. Meine Antwort: Ich werde zahlen.

Es folgten fünf Tage absoluter Funkstille. Keine Post, kein Anruf, nichts … Innere Kämpfe schüttelten mich durch. Am sechsten Tag früh, ich war noch gar nicht aufgestanden.

„…oder welcher Mensch ist unter euch, der, wenn sein Sohn ihn um Brot bittet, ihm einen Stein geben wird …" Es war die Stimme meines Herrn (Matthäus 7,79).

Nachdem ich die Bibelstelle gelesen hatte, schrieb ich alles auf ein großes Blatt und legte es in die Küche. Auf keinen Fall wollte ich das heute vergessen.

Um die Mittagszeit klingelte das Telefon, es war die Hausverwaltung mit der Frage, ob beide Mietverträge in einem Umschlag abgeschickt werden können … Vor Freude lag ich weinend auf meinen Knien. Mitte September konnten wir in unsere Wohnungen ziehen. Sie sind wunderschön, Gott hat uns mit seinem Besten versorgt.

Christel Hertsch

Gott sorgt auch für die Details!

Mein treues Auto, das ich seit sieben Jahren fuhr, machte immer mehr Probleme. Auf längeren Fahrten gab es gelegentlich eine große Rauchwolke aus dem Auspuff und ich verlor Öl. Auf Langstrecken musste ich nun immer einen großen Ersatzkanister Öl dabeihaben. Mal fuhr das Auto schnell den Berg hoch, mal sehr langsam. Ich schob die Probleme auf Altersschwäche, da es immerhin siebzehn Jahre alt war. Mein Mechaniker meinte schließlich, ein neuer Motor müsse her. So beschloss ich, mich von meinem geliebten Auto zu trennen und ein neues zu kaufen.

In Neuseeland gibt es einen großen Gebrauchtwagenmarkt. Besonders japanische Gebrauchtwagen sind hier sehr beliebt. Nur selten kauft man sich einen Neuwagen. Ich hatte nicht viel Ahnung von Autos und ein Autokauf jagte mir Angst ein. Man gab ja schließlich eine Menge Geld aus! So bat ich im Gebet Gott um Hilfe und vertraute ihm meine Autosuche an. Um die Auswahl einzuschränken, betete ich, dass es ein Toyota sein möge, nicht älter als Baujahr 2008, der nicht mehr als 80.000 Kilometer auf dem Tacho hatte. Ach ja, und günstig sollte er auch sein. Und das Ganze sollte recht schnell gehen. Außerdem bat ich Gott, mir einen männlichen Beistand zu schicken, der etwas von Autos verstand.

Gott erhörte mein Gebet auf wunderbare Weise: Der männliche Beistand kam in Form meines Pastors, der sich auf das Abenteuer Autosuche mit mir einstellte. Er fand nach drei Tagen auf dem Privatmarkt das passende Auto für mich. Wir konnten es am nächsten Morgen anschauen. Mir gefiel es auf Anhieb und ich wusste: Das ist mein zukünftiges Auto! Ich musste schmunzeln, dass Gott an alle Details gedacht hatte. Das Auto war ein Toyota Corolla, Baujahr 2012, und hatte einen Kilometerstand von 51.000. Noch dazu konnte ich es günstig von einem älteren Ehepaar erwerben.

Nun musste ich mein altes Auto noch verkaufen. Auch das gab ich in Gottes Hände. Ein junger Mann meldete sich am nächsten Tag, der ein Verkaufsschild in meinem Auto gesehen hatte. Ihm gefiel das Auto sofort und er war auch dann noch begeistert, nachdem ich ihm all die Probleme des Autos aufgelistet hatte. Nur mit dem Preis war er nicht einverstanden – er wolle mir mehr Geld geben! Das Auto war innerhalb einer Viertelstunde verkauft.

Ich konnte nur staunen, wie Gott mein Gebet innerhalb von wenigen Tagen beantwortet hatte. Er hatte sogar alle Details berücksichtigt. Gott erhört unsere kleinen und großen Gebete und beantwortet manche davon auf eindrucksvolle Weise.

Daniela Merkert

Weihnachtswunder im Kinderheim

Ich arbeite in einem Kinderheim in Chile. Vor einigen Jahren habe ich eine Lektion zum Thema „Vertrauen und Warten auf Gottes Timing" gelernt.

Es ging auf Weihnachten zu und wir begannen, die Weihnachtsfeier für die Kinder zu planen. Bei einer Besprechung mit der Heimleiterin und anderen verantwortlichen Personen erwähnte ich, dass in diesem Jahr niemand angeboten hatte, Geschenke für die Kinder zu stiften. Da wir finanziell nicht gut dastanden, sagte ich: „Gut, dann müssen eben die Kleinigkeiten genügen, die einige Gäste, die wir in letzter Zeit hatten, mitgebracht haben."

Ich hatte noch nicht zu Ende gesprochen, da klingelte das Telefon. Es war eine Mitarbeiterin vom Jugendamt. Sie sagte, sie habe eine Anfrage von einem Firmenchef, der ein Kinderheim im Bezirk Macul suche, mit ca. 65 Kindern, Jungen und Mädchen. Das passte genau auf unser Heim! Wir versprachen, dem Herrn eine Namensliste mit dem Alter der Kinder zukommen zu lassen.

Ein paar Minuten später klingelte das Telefon zum zweiten Mal. Es war die Sekretärin des Firmenchefs. Sie sagte, es gäbe da noch ein Problem, und zwar wolle ihr Chef die Geschenke selbst verteilen. Es wäre aber kein anderer Termin möglich als am Freitag nach 18 Uhr, denn am Samstagmorgen müsse er nach Australien reisen. Unsere Weihnachtsfeier war auf Freitag, 18:30 Uhr, festgelegt! Ist das nicht ein perfektes Timing unseres himmlischen Vaters?

Es war eine sehr gelungene Weihnachtsfeier. Der Firmenchef war noch jung, und es machte ihm riesigen Spaß, die Geschenke an die Kinder zu verteilen. Er versprach, uns auch im folgenden Jahr zu unterstützen. Preis und Dank sei Gott, ihm gebührt alle Ehre!

Rosmarie Ruderisch de Wrann

Was Gott tut,
ist groß und gewaltig,
niemand kann es begreifen;
seine

Wunder

sind unzählbar.

Hiob 5,9

MEINE *Wunder* MOMENTE

_____

_____

_____

_____

_____

_____

_____

_____

_____

_____

_____

_____

KAPITEL 6

Begegnet

Allein in Paris

Unsere älteste Tochter war auf dem Weg zu einem Auslandssemester in Frankreich. Mit zwei wuchtigen Koffern und einer bleischweren Schultertasche bepackt, fuhren wir sie in Würzburg zum Bahnhof.

Weil sie nur einmal in Paris umsteigen musste, war sie sicher, den Weg auch mit so viel Gepäck bewältigen zu können. Wir Eltern halfen ihr noch, alles gut im Zug zu verstauen, und vertrauten darauf, dass das schon irgendwie klappen würde.

Das Aussteigen in Paris war auch kein Problem. Am Pariser Bahnhof suchte sie nach dem Gleis für die Weiterfahrt, aber konnte es einfach nicht finden. Mit ihrem Schulfranzösisch erkundigte sie sich am Schalter, wo der Anschlusszug abfahren würde.

Erst jetzt wurde ihr klar, dass Paris mehrere Bahnhöfe hat. Für die Weiterfahrt musste sie zu einem weit entfernt liegenden Bahnhof gelangen. Ohne die bequemen Gepäckwagen, die auf den Bahnhöfen stehen, würde das ganz schön schwierig werden.

Aber angesichts der Abfahrtszeit des gebuchten Zuges machte sie sich tapfer auf den Weg. Es war weit, die Koffergriffe schnitten ihr in die Handflächen, sie konnte fast nicht mehr weitergehen, aber die Zeit lief. Plötzlich tauchte ein Mann auf. Er erkundigte sich freundlich nach ihrem Ziel und bot ihr seine Hilfe an. Er trug beide Koffer, begleitete sie bis zu ihrem Sitzplatz im Zug und verstaute das Gepäck. Dann verschwand er wieder.

Als unsere Tochter mir am Telefon erzählte, was sie erlebt hatte, fragte ich mich, ob Gott ihr einen Engel geschickt hatte. Ich selbst hatte einmal ein ähnliches Erlebnis, bei dem ich mich oft gefragt habe, ob das ein Mensch oder ein Engel gewesen ist, der mir zur richtigen Zeit am richtigen Ort geholfen hat.

Ein Nachbar war so schwer erkrankt, dass man ein Pflegebett im Wohnzimmer aufstellen wollte. Es war vormontiert im Hof abgestellt worden, und man hatte mich gebeten, beim Tragen zu helfen. Doch das Bett war so sperrig, dass es uns nicht gelang, durch die Eingangstür zu kommen. Plötzlich tauchte wie aus dem Nichts ein Mann auf, fasste an der richtigen Stelle zu und ein paar Sekunden später war das Bett im Wohnzimmer und der Mann verschwunden. Wir haben ihn nicht gekannt.

In beiden Fällen kann ich nicht sagen, woher die Hilfe kam. War es ein Mensch, den Gott im richtigen Moment vorbeigeschickt hat? War es ein Engel? Ich weiß es nicht. Aber eines weiß ich genau: Wenn wir beten, hört Gott und schickt uns seine Antwort.

Beate Nordstrand

Verirrt

Ein perfekter Urlaubstag entpuppte sich als Abenteuer. Die Sonne brannte vom Himmel, aber ein laues Lüftchen erfrischte mich. Ich genoss den Blick auf die Berge von Montana im französischen Teil der Schweiz. Mächtig ragten sie empor, ihre schneebedeckten Spitzen glitzerten, umrahmt vom Blau des Himmels. Kein Wunder, dass meine beiden Freundinnen wandern wollten. Doch wegen meines Oberschenkelhalsbruches vor vier Jahren konnte ich leider nicht mithalten. Wir wollten uns später auf einer Hotelterrasse wiedertreffen.

Eine Weile setzte ich mich auf eine Bank und genoss ein Sonnenbad. Doch bald wurde es mir zu heiß und ich sehnte mich nach Schatten. Unterhalb der Bank entdeckte ich einen Waldweg, auf dem ich zum verabredeten Treffpunkt gelangen konnte. Tatsächlich, ich fand den Ort. Doch als ich oben am Gebäude ankam, begrüßte mich ein unerfreuliches Schild: Geschlossen!

Was nun? Irgendwie musste ich zurückfinden. Ich ging einem grünen Pfeil nach, in der Hoffnung, es wäre ein Wanderweg, der zu unserem Urlaubsort führte. Schließlich hatte ich auch beim vorhergehenden Weg den richtigen Riecher gehabt und so weit konnte der Ort nicht entfernt sein! Doch der Wald wurde immer dichter und der Pfad immer holpriger und schmaler. Ich betete: „Herr, lass mich den richtigen Weg finden!"

Angst stieg in mir hoch. Wo bin ich?! Kein Mensch, kein Haus, nur Wald, Wald, Wald. So schnell ich mit meinem kranken Bein laufen konnte, marschierte ich nach unten. Endlich entdeckte ich eine Reihe Häuser; allerdings trennte mich ein Abhang von der Siedlung. Mutig stieg ich hinunter. Es schien zu funktionieren. Doch auf einmal stolperte ich über einen Ast und fiel der Länge nach ins Gestrüpp. Meine Brille flog in hohem Bogen ins Gras. Zuerst blieb ich regungslos liegen und wagte nicht, mich zu bewegen. Mein Körper war starr vor Schreck. Doch plötzlich kam Frieden über mich und ich hörte ganz deutlich eine innere Stimme: „Gott wird sich so verhalten, dass du dich wundern wirst!"

Langsam rappelte ich mich wieder auf und tastete nach meiner Brille. Nach einigem Suchen fand ich sie. Schließlich näherte ich mich den Häusern. Sie waren alle leer! Es waren alles Neubauten. Kein Mensch lebte hier! Mechanisch trugen mich meine Beine weiter die Straße entlang. Und schon rüttelte mich der nächste Schreck auf: Ein Mann kam mir entgegen. Meine Gedanken überschlugen sich. Das wäre der perfekte Moment in einem Krimi. Allein im Wald. Weder schreien noch weglaufen – wenn ich es denn könnte! – würde helfen. Er entdeckte mich und kam direkt auf mich zu. Ich zitterte.

Schon war er da und stand vor mir. Doch er fragte freundlich auf Deutsch: „Haben Sie sich verlaufen?" Auf einmal war die Angst verflogen. Es stellte sich heraus, dass er Belgier war und auch in der Schweiz Urlaub machte. Er holte seine Wanderkarte heraus, zeigte mir den Weg zu unserem Ort und ging sogar bis zur richtigen Wegbiegung mit mir mit.

War ich dankbar! Ich fand den Weg zurück. Erleichtert setzte ich mich in ein Café und bestellte mir ein Eis. Ich faltete meine Hände und sagte leise: „Gott wird sich so verhalten, dass du dich wundern wirst!"

Ilse Knupp

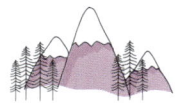

Orientierungslos

Neulich ist mir etwas passiert, womit man zu Beginn des 21. Jahrhunderts eigentlich nicht mehr rechnet: Ich habe mich in einer fremden Stadt verfahren und hatte keinerlei Orientierung mehr. Mein Mann, mein Sohn und ich waren in unserem Kurzurlaub im Fränkischen mit einem alten Auto unterwegs, das noch aus dem letzten Jahrtausend stammt. Ohne Navi selbstverständlich. Die beiden Männer wollten sich zum Abschluss des Urlaubs am Stadtrand von Nürnberg ein Football-Spiel anschauen. Mein Sinn stand eindeutig mehr nach einem entspannten Shopping-Nachmittag. Also setzte ich den kleinen Football-Fan und seinen Papa am Bolzplatz ab und machte mich auf Richtung Outlet einer schwedischen Modemarke.

Die Wegbeschreibung hatte ich mir vorher auf meinem Handy herausgesucht, weil ich kein GPS nutze. Problemlos fand ich den Werksverkauf in einem Vorort von Fürth. Ich verbrachte dort schöne Stunden, in denen ich mich nach Herzenslust quer durch die Kollektion probierte und tatsächlich auch zwei kleidsame Teile fand. Frohgemut machte ich mich auf den Rückweg. Mit meinen „Jungs" hatte ich vereinbart, dass ich sie am späten Nachmittag wieder am Bolzplatz abhole.

Doch schon bald merkte ich, dass mir die Wegbeschreibung, die mich sicher ans Ziel geführt hatte, in die umgekehrte Richtung nichts brachte. Es gelang mir einfach nicht, auf die Stadtautobahn zu kommen. Der Akku meines Smartphones war fast leer. Also rief ich mit dem verbleibenden „Saft" meinen Mann an und bat ihn, mir die Fahrtbeschreibung für den Rückweg zuzuschicken. Das

Football-Spiel war schon seit einiger Zeit beendet. Rasch schickte mir mein Mann das Gewünschte aufs Handy und ehe das Smartphone seinen Dienst versagte, konnte ich gerade noch erkennen, dass ich in eine gewisse Europa-Straße einbiegen sollte, die mich dann zum Stadtring führen würde. Ich fing verzweifelt an zu beten: „Herr, lass mich bitte den Rückweg finden!" Voller Erleichterung sah ich aus den Augenwinkeln ein Straßenschild mit der Aufschrift „Europa-Straße" und bog dort ein. Doch statt zur Autobahn führte mich diese Straße durch ein Waldgebiet, das ein bisschen den Eindruck erweckte, als wäre dahinter Europa zu Ende. Es gab nicht einmal mehr Hinweisschilder. Langsam spürte ich Panik in mir aufsteigen. Wo war ich? Und wie sollte ich von hier aus zurück zu meinen wartenden Männern finden? Ein Gefühl großer Hilflosigkeit überkam mich. Langsam zog sich mein Hals zu und die Augen wurden feucht.

Als der Wald sich nach etlichen Kilometern wieder lichtete, erspähte ich am Ende der Straße ein älteres Ehepaar, das offensichtlich spazieren ging. Ich kurbelte das Fenster herunter, erzählte ihnen von meinem Dilemma und nannte ihnen mein gewünschtes Ziel. „Oh, da sind sie hier aber ganz falsch!" Das hatte ich geahnt. „Ich habe keine Ahnung, wo das ist, wo Sie hinwollen", bekannte der Mann. Mein Mut sank noch tiefer. „Wir können ja mal nachschauen," entgegnete die Frau und zog ein nobles Smartphone aus ihrer Jackentasche. „Das haben wir gleich!" Sie gab unseren Standort und meinen Zielort ein. Die beiden beugten sich über das Display und diskutierten eine Weile, welches die einfachste Variante sei. Dann erklärten sie mir eifrig und ausführlich die Route, indem sie abwechselnd hilfreiche Details an der Strecke aufzählten, die ich auf meinem Weg beachten müsse. Ich versuchte, mir alles zu merken, und hatte so ein bestimmtes Gefühl, dass mir dieses ältere Ehepaar mit ihrem tollen Smartphone nicht zufällig über den Weg gelaufen war.

„Viel Glück!", riefen sie mir noch nach, als ich mich überschwänglich bedankt und unsere alte Kiste gewendet hatte. Dank der guten Beschreibung fand ich den Stadtring ohne weitere Zwischenfälle, nahm die richtige Ausfahrt und kurvte von dort aus problemlos zurück zum Sportplatz, wo meine geduldigen Männer seit über einer Stunde auf mich warteten. Als ich dort ankam, war ich total erschöpft, aber gleichzeitig auch sehr erleichtert und dankbar. Gott hatte mir aus der Patsche geholfen. Er wusste zu jedem Zeitpunkt meiner Odyssee – auch ohne moderne Hilfsmittel wie Navi, GPS oder Routenplaner –, wo ich war, und hatte meinen verzagten Hilfeschrei gehört. Einerseits ist mir dieses Erlebnis ziemlich peinlich, aber andererseits ist es eine unzweifelhafte Bestätigung von Gottes Treue und Fürsorge, auch und gerade im Kleinen.

Sigrid Offermann

145

Begegnung im Warenhaus

Mit unserer 16 Monate alten Tochter auf dem Rücksitz nehme ich an diesem frühen Morgen die lange Autofahrt zurück nach Hause in Angriff. Heute stand eine Therapiestunde auf dem Programm. Leider musste die Behandlung abgebrochen werden, da sich unsere Tochter wortwörtlich mit Händen und Füssen gegen die ihr aufgezwungenen therapeutischen Maßnahmen wehrte. Sie würden ihr sehr viel Erleichterung bringen bezüglich ihres Handicaps, doch einmal mehr fahre ich nur halb verrichteter Dinge wieder nach Hause.

Enttäuscht und etwas frustriert manövriere ich unser Auto durch den dichten Verkehr. Wir befinden uns familiär in mancherlei Hinsicht in einer herausfordernden Situation. Belastende Gedanken legen sich wie eine dunkle Decke auf mein Herz. Ungeweinte Tränen brennen in meinen Augen und ein dicker Kloß bildet sich in meiner Kehle. Während ich unsere Tochter bei guter Laune zu halten versuche, wäge ich in Gedanken ab, ob der geplante Einkauf im Warenhaus noch drin ist oder ob ich es besser bleiben lasse.

Ich entscheide mich dafür und schon bald betreten wir mit dem Einkaufswagen im Schlepptau den Warenhauslift. Einkaufen gehört definitiv nicht zu meinen Lieblingsbeschäftigungen. Ich bin bestrebt, das Ganze möglichst zügig hinter mich zu bringen und hoffe, keinerlei bekannten, redseligen Frauen zu begegnen. Mein Gemütszustand verträgt sich heute nicht mit Smalltalk.

Während wir auf das Schließen des Aufzuges warten, eilt im letzten Moment eine korpulente, schlicht bekleidete junge Frau herbei und fährt mit uns zur Einkaufsmeile hoch.

Es ist, als ob uns durch das Eintreten dieser Frau eine erfrischende Brise entgegenweht. Sie begrüßt uns herzlich und wechselt einige nette Worte mit uns. Etwas perplex erwidere ich ihren fröhlichen Gruss. Diese Frau strahlt eine unglaublich faszinierende Zufriedenheit, Freude und Ruhe aus. Mit leichten, federnden Schritten und einem Mut machenden Gruß auf den Lippen verlässt sie den Lift und verschwindet im Warenhaus. Was für eine außergewöhnliche Frau! Mein Herz wurde durch diese unerwartete Begegnung heilsam berührt.

In Gedanken versunken steure ich den Einkaufswagen durch die Eingangstür des Lebensmittelgeschäftes, in der Hoffnung, meine Einkaufsliste auch heute möglichst reibungslos abhaken zu können. Doch bereits beim Früchteregal zwischen Äpfeln und Bananen entdeckt uns ein mir bekannter junger Mann. Lange ist es her, seit wir uns das letzte Mal gesehen haben, und die gegenseitige Frage nach dem Befinden des andern ist naheliegend. Meine ehrliche Antwort „Es geht uns gut. Wir haben jedoch viele Termine und Therapien mit unserer kleinen Tochter" und eine Kurzfassung der ärztlichen Diagnose löst in meinem Gegenüber Betroffenheit aus. Sein jüngster Sohn ist im gleichen Alter wie unsere Tochter. Der junge Mann schaut mir mitfühlend in die Augen und sagt schlicht: „Es soll gut kommen… Gottes Segen und viel Kraft!"

Mit dieser Zusage kurve ich weiter durch das Warenhaus. Es ist mir, als sei mir Jesus innerhalb weniger Minuten zwei Mal begegnet: im Warenhausaufzug und nun auch noch am Früchteregal.

Mit frohem Mut setze ich meinen Einkauf fort. Meine Tochter verhält sich außergewöhnlich ruhig und zufrieden inmitten des munteren Treibens, und bald darauf sitzen wir um einige prallgefüllte Einkaufstaschen reicher im Auto, um die letzte Wegstrecke Richtung Zuhause unter die Räder zu nehmen. Im Laufe des Tages schweifen meine Gedanken immer wieder zurück zu diesen zwei göttlichen Begegnungen im Warenhaus. Jesus ist mir begegnet. Er hat meine schweren Gedanken verscheucht und mir stattdessen einen fröhlichen, ungetrübten Geist geschenkt.

Jrene Bircher

Ein Engel im Nebel

Es ist noch stockdunkel, als ich am frühen Morgen aus dem Haus gehe. Die Straßenlaternen werfen etwas Licht auf den Gehweg, doch die neblig-feuchte Luft lässt alle Konturen grau und undeutlich erscheinen. Noch müde und gleichzeitig den Kopf voll mit Plänen für den beginnenden Tag trotte ich hinter meinem Hund her. Im Gegensatz zu mir ist er immer sofort munter, wenn es nach draußen geht. Wir gehen an Häusern vorbei, deren Bewohner wahrscheinlich gerade aus dem Bett steigen oder schon den ersten Kaffee schlürfen. Aber auf der Straße ist noch niemand zu sehen.

Da nehme ich ein paar Häuser weiter eine Bewegung wahr. Als ich weitergehe, erkenne ich eine dunkle Gestalt, die durch ein Gartentor kommt und ihren Weg zum nächsten Haus fortsetzt. Es ist die Zeitungsausträgerin aus unserem Dorf. Schon seit vielen Jahren erledigt sie frühmorgens ihre mühsame Arbeit. Mir fällt auf, wie nass die Kleidung der älteren Dame ist. Auch in ihren Haaren glänzen Tropfen von der morgendlichen Nässe, die in der Luft liegt. Gebeugt und leicht humpelnd stapft sie tapfer mit den Zeitungen von Briefkasten zu Briefkasten.

Als sie mich und meinen Hund sieht, grüßt sie freundlich. Dann fragt sie mich unvermittelt: „Schreibst du noch Geschichten? Oder Gedichte?" Ich weiß gar nicht, was ich antworten soll, weil ich völlig überrumpelt von der Frage bin. Es stimmt. Ich liebe kreatives Schreiben. Aber ich komme nicht so oft dazu, wie ich es mir wünsche. Woher weiß die Zeitungsausträgerin das? Sie wohnt in unserer Nachbarschaft, aber wir kennen uns kaum. Wenn wir uns treffen, wechseln wir selten mehr als ein paar nette Worte. Die ältere Dame fährt fort: „Mein Mann wollte auch gerne ein Buch schreiben. Aber er ist nicht mehr dazu gekommen. Er ist schon gestorben." Ich bleibe immer noch stumm und steif auf der Stelle stehen. Wahrscheinlich sehe ich verwirrt aus.

Die Zeitungsausträgerin ermutigt mich: „Du hast wahrscheinlich viel Arbeit: Dein Job. Deine Familie. Und dann noch der Hund. Da bleibt nicht viel Zeit. Aber gib nicht auf! Schreib weiter!" Ich murmele etwas Unverständliches und hoffe, dass es höflich und fröhlich klingt. Dann wünsche ich ihr noch einen guten Tag.

Ich komme mir vor wie in einem Traum. Die ältere Dame verschwindet irgendwo in der Dunkelheit und verteilt weiter ihre „Nachrichten des Tages". Mir hat sie eine ganz besondere Nachricht übermittelt und ich wundere mich darüber. Ich bin tatsächlich mit einem großen Schreibprojekt beschäftigt. Das zieht sich allerdings schon einige Jahre hin. Mehrmals habe ich fast aufgegeben und mich gefragt, ob das gerade wirklich dran ist. Ich habe auch Gott gefragt, ob es seine Idee ist, dass ich diese Arbeit weiterverfolgen soll. Und nun habe ich so eine nette, unerwartete und deutliche Ermutigung bekommen. Vielleicht brauche ich immer mal wieder eine Zusage von Gott, dass er mir etwas zutraut und mir helfen wird.

Als ich mich von meiner Überraschung erholt habe, macht sich Freude in mir breit. Ich habe Gottes Zuspruch verstanden und angenommen. Innerlich jubele ich mitten im neblig-grauen Alltag. Die Frau war ein Engel mit einer Botschaft für mich! Was für eine Begegnung an diesem nebligen Morgen!

Jetzt habe ich Lust, auch ein Engel für andere zu werden. Mal sehen, wer mir heute über den Weg läuft! Vielleicht gibt mir Gott eine Nachricht zum Übermitteln.

Sonja Kilian

Herr, der Himmel lobt dich,
denn du tust

Wunder

die Schar
deiner heiligen Engel
preist deine Treue.

Psalm 89,6

MEINE *Wunder* MOMENTE

_____

_____

_____

_____

_____

_____

_____

_____

_____

_____

_____

_____

_____

KAPITEL 7

Geführt

Kinderlos. Hoffnungsvoll.

„Wer ist wie der Herr, unser Gott… der die Unfruchtbare im Hause wohnen lässt, dass sie eine fröhliche Kindermutter wird. Halleluja!" (Psalm 113,5+9)

Die unfruchtbare Frau, das bin ich. Ich, die schon zu Schulzeiten „Mutter der Nation" genannt wurde, weil sich da, wo ich war, immer auch Kinder aufhielten. Schon damals liebte ich Kinder und war gern mit ihnen zusammen. Der richtige Mann tauchte bald auf und noch während meines Studiums zur Grundschullehrerin heirateten wir. Wir beide wollten unbedingt Kinder haben. Wir träumten von Geburtstagskuchen, Drachen steigen lassen und von kleinen Füßen, die neben uns herliefen. Doch es kam anders.

Ich wurde zwar schnell schwanger, aber genauso schnell zerbrach diese Hoffnung. Der Boden unter meinen Füßen wankte, ich verstand Gott nicht mehr. Wo war er, der versprochen hatte, mich zu beschützen? Warum hatte er unsere Gebete nicht erhört? Warum durfte unser Baby nicht leben? Mein Glaube wurde durchgerüttelt. Beinahe trotzig entschied ich mich, an Gott festzuhalten, darauf zu beharren, dass er es gut mit mir meinte, auch wenn ich ihn nicht verstand. Dadurch wurde mein Vertrauen gefestigt.

Genau ein Jahr später wurde ich wieder schwanger, diesmal mit Zwillingen. Doch auch hier endete unsere kurze gemeinsame Geschichte mit dem Tod der Babys. Wieder zerbrach meine Hoffnung. Während ich mit starken Wehen im Krankenhaus lag, blickte ich über die Baumwipfel des anliegenden Waldes, hörte immer wieder Lieder von Thea Eichholz-Müller und fühlte mich übernatürlich geborgen. Mein Herz fühlte sich so mit dem Himmel verbunden wie nie zuvor. Trotz aller Fragen, aller Wut, aller Trauer kam Gott mir sehr nahe. Wer sollte mich verstehen, wenn nicht der Gott, der freiwillig seinen Sohn hergegeben hatte? Meine Tränen waren auch seine Tränen. Er reichte mir seine Liebe als Taschentuch, um meine Tränen zu trocknen.

Nach diesen Erlebnissen gab ich meinen Traum von eigenen Kindern an Gott ab und hielt ihm mein wundes Herz hin. Wieder ein Jahr später absolvierten wir einen Adoptivelternkurs beim Jugendamt. Danach begann die Zeit des Wartens. Nach einigen Monaten bekamen wir den ersehnten Anruf. Ein wenige Wochen altes Mädchen brauchte Eltern. Wir fuhren zum Jugendamt und erfuhren, dass eine Adoption erst mal nicht möglich sei. Die Mitarbeiterin fragte uns, ob wir uns auch vorstellen könnten, die Kleine als Pflegekind aufzunehmen. Dies hatten wir eigentlich für uns ausgeschlossen, weil wir nicht mit der ständigen Angst leben wollten, unser Kind wieder abgeben zu müssen. Doch dann teilte uns die Mitarbeiterin den Namen des Babys mit – er stand auf der Liste unserer Wunschnamen und hatte eine sehr passende Bedeutung. Dann erfuhren wir das Geburtsdatum. Schon unsere drei leiblichen Babys hätten denselben errechneten Geburtstermin gehabt – und jetzt hatte dieses kleine Wesen von allen 366 möglichen Tagen am gleichen Tag Geburtstag? Ich war wie elektrisiert. Konnte Gott deutlicher sprechen? Wir sagten Ja.

Eine wundervolle Geschichte begann. Unser kleines Wunder wird nun bald zur Schule gehen. Bis heute konnten wir sie nicht adoptieren, aber die Angst, sie zu verlieren, flackert nur noch selten auf. Wenn Gott so deutlich spricht, dann will ich vertrauen und mutige Schritte an seiner Hand gehen.

Als wäre dieses Wunder nicht genug, folgte drei Jahre später ein erneuter Anruf vom Jugendamt. Eine schwangere Frau hatte unseren Vorstellungsbrief gelesen und wollte danach keine anderen möglichen Adoptiveltern mehr kennenlernen. Sie sei sich sicher, dass ihr Sohn bei uns aufwachsen sollte. Nachdem wir sie kennengelernt hatten, überstürzten sich die Ereignisse. Der Junge überlebte seine dramatische Frühgeburt und wir hielten ihn schon wenige Stunden später im Arm. Und wieder war es Gott, der uns bei der Entscheidung half: Das Baby war exakt genauso groß und wog auf das Gramm genauso viel wie unsere Tochter. Wir waren uns sicher: Dieser Junge sollte zu unserer Familie gehören.

Seither habe ich die Angewohnheit, sämtliche Geburtsanzeigen auf das Gewicht hin zu überprüfen, und bis jetzt war kein einziges Mal das unserer Kinder dabei!

Gott ist da und er ist auch in Zukunft da. Er hält mich und unsere Kinder in seinen Armen. Am tiefsten Abgrund meines Lebens war kein Loch – Jesus hat hier auf mich gewartet.

Susanne Garbe ist ein Pseudonym.

Ein Geschenk wider Willen

Dreieinhalb Wochen vor meinem Umzug liege ich wieder im Marienhospital. Seit Monaten wohne ich mehr in dieser Klinik als zu Hause. Ich bin so wütend und so erschöpft. Nach einer Chemotherapie vor neun Monaten ging alles schief: Lungenentzündung, Herzmuskelentzündung, Herzinsuffizienz. Ich war dem Tod näher als dem Leben. Nun bin ich wieder hier. Weinend sitze ich in meinem Krankenhausbett. „Gott, wo bist du? Warum lässt du mich so hängen?"

Vier Tage später werde ich entlassen, ein harmloser Darminfekt hatte mich lahmgelegt. Mein Immunsystem ist einfach noch sehr schwach. Eigentlich sollte ich jetzt bei meiner Mutter sein. Mein Zug war schon gebucht, doch dann kam das Fieber dazwischen. Frustriert sitze ich in meiner Wohnung. Ich greife nach meinem Handy und rufe „Facebook" auf. Gleich der erste Link kommt von einer christlichen Organisation: „Mitarbeiter für Jugendliche auf einer Familienfreizeit gesucht". *Ach schön*, denke ich, *eine Familienfreizeit. Wo fahren die denn hin? Kroatien. Da war ich noch nie.* „Melde dich", höre ich eine leise Stimme in meinem Herzen. „Nee, Gott, ich doch nicht! Ich kann da nicht hin. Das traue ich mich nicht. Die fahren in nicht mal vier Wochen, da habe ich meinen Umzug gerade zwei Tage hinter mir. Das ist niemals zu schaffen! Gott, was auch immer du dir dabei denkst, das geht nicht."

Klick, Handy ausgemacht. *Als ob ich nach Kroatien könnte! Ich, deren Herz gerade wieder einigermaßen vernünftig schlägt. Nee, von Kroatien kann man nur träumen, mehr ist bei mir nicht drin. Schluss jetzt damit.* Ich stehe auf und gehe ins Bad. Das muss geputzt werden!

Abends sitze ich auf der Couch und langweile mich. Also mache ich wieder mein Handy an und gehe auf „Facebook". Da steht derselbe Text noch einmal als erster Post in meinem Account: „Dringend: Mitarbeiter für Jugendliche auf einer Familienfreizeit gesucht." „Hey, Gott, das meinst du doch nicht ernst? Mein Umzug. Und meine Angst! Was, wenn das mein Herz nicht mitmacht? Nein, nein, ich kann nicht. Ich will nicht. Ach Gott, das musst du doch verstehen!"

„Melde dich!" Dieser Satz ist plötzlich in meinen Gedanken.

„Wie soll das mit dem Umzug gehen? Wie soll ich das schaffen?"

„Du hast viele Helfer", bekomme ich zur Antwort.

„Du meinst das wohl echt ernst, oder?", frage ich entsetzt.

„Ja, ich meine das ernst!"

„Also gut, ich werde mich bewerben und dann ist gut. Die nehmen mich doch sowieso nicht", gebe ich nach. Ich fülle online die Bewerbung aus und lege mich schlafen. Kroatien? Ich? Lächerlich!

Am nächsten Morgen klingelt das Telefon. „Hier ist Thorsten. Du hast dich für die Freizeit nach Kroatien gemeldet?" „Äh, ja", stottere ich. Meine Gedanken rasen, das kann nicht sein. Am liebsten möchte ich den Telefonhörer auflegen, mich verstecken. Panik erfasst mich. Die möchten mich doch nicht wirklich mitnehmen? Doch, genau das bestätigt mir Thorsten. Er stellt mir noch viele Fragen zu meiner Gemeinde- und Jugendarbeit. Ich antworte ehrlich, erzähle von meinen gesundheitlichen Problemen. Auch, dass ich geschieden bin. „Ja, Simone, ich würde mich freuen, wenn du am kommenden Samstag zum Vorbereitungstreffen kommen könntest, was meinst du?" Ich bin baff. Dass das so schnell geht, damit hatte ich überhaupt nicht gerechnet. Was soll ich jetzt tun? „Ich müsste noch einiges wegen meines Umzugs klären und würde mich in den nächsten zwei Tagen bei dir melden", sage ich Thorsten, mehr fällt mir nicht ein.

Als ich auflege, bin ich fix und fertig. Was habe ich getan? „Gott, was soll das?" „Das ist mein Geschenk an dich, nimm es einfach an!", höre ich in meinem Herzen. „Aber…", will ich ansetzen und verstumme. Ein Geschenk an mich? Nach der furchtbaren Zeit bekomme ich ein Geschenk, einfach so? Ich werde ruhig. Wenn Gott mir diese Reise, die Betreuung der Jugendlichen zutraut, wieso traue ich selbst mir das dann nicht zu? Ich setze mich. Hätte ich nicht meinen Fieberanfall gehabt, wäre ich jetzt bei meiner Mutter und hätte die Anzeige wahrscheinlich nicht gesehen. Hatte Gott mich mit Absicht hierbehalten? Aber wie sollte ich den Umzug schaffen?

Ich lege meinen Kopf auf den Tisch und bin ratlos. Doch dann kommt mir ein verwegener Gedanke. Ich könnte meine Kinder und meine Freundinnen fragen, ob sie das übernehmen würden. *Nein, das ist echt frech*, denke ich. Auf der anderen Seite – Kroatien, eine Familienfreizeit. Es passt alles, als wäre es perfekt geplant. Es passt so gut, dass ich mich geschlagen gebe und meine Kinder und zwei Freundinnen frage, ob sie den Nachumzug für mich übernehmen würden. Umgehend erhalte ich eine positive Rückmeldung. Alle möchten, dass ich nach Kroatien fahre. Unfassbar! Ich bekomme weiche Knie. Die Angst, dass ich das gesundheitlich nicht schaffe, ist immer noch da. Aber auch mein Gottvertrauen. „Gut, Gott, ich werde zur Vorbereitung gehen. Wenn alles passt, fahre ich mit!"

Drei Wochen später mache ich mich zusammen mit drei anderen Mitarbeitern mit dem Auto auf den Weg nach Kroatien. Die Freizeit sprengt alle meine Erwartungen, vor allem meine „Nichterwartungen". Es wird eine unglaubliche Zeit! Unser Thema ist das Glaubensbekenntnis, das wir Satz für Satz jeden Vormittag mit den Jugendlichen durcharbeiten. Es macht mir so große Freude, füllt mich aus und ist wie ein Schatz, den wir zusammen heben.

Ich setze mich ganz neu mit dem Heiligen Geist auseinander, der ein zentrales Element des Glaubensbekenntnisses ist. Auch Tod und Auferstehung sind wichtige Themen für die Jugendlichen. Und die Gemeinschaft unter Christen. Wie wichtig sie mir inzwischen geworden ist und wie lächerlich ich sie als junge Frau fand! Das erzähle ich den Jugendlichen. Als Mitarbeiter geben wir unsere Erfahrungen weiter, werden aber auch gleichzeitig von ihnen herausgefordert, über bestimmte Dinge neu nachzudenken.

Am zweiten Tag lerne ich Lilli kennen. Sie erzählt mir von ihrer Brustkrebserkrankung und ich merke, Gott möchte mich hier gebrauchen. So viele wundervolle, erfüllende Gespräche darf ich führen. Ich spüre, dass die alleinerziehenden Mütter meine Nähe suchen. Da ist eine Mitarbeiterin, die auch eine Scheidung hinter sich hat.

Ja, ich bin hier genau richtig! Diese Zeit ist ein Riesengeschenk an mich. Und es geht mir gut dabei. Ich habe keine enormen gesundheitlichen Probleme. Jeden Morgen vor der großen Wärme schwimme ich im Meer. Die Sonne geht langsam über den Bergen auf und kommt dann mit ihren Strahlen im Meer an. Es ist wahrhaftig ein Geschenk, dass ich das erleben darf. Jeden Tag darf ich an einem gedeckten Tisch sitzen, werde verwöhnt und habe nette Tischnachbarn. Bei den Mitarbeitertreffen früh an jedem Morgen werden wir geistlich „gefüttert". Ein Lobpreisabend, den wir alle zusammen am Meer verbringen, lässt mein Herz schier überquellen.

Eigentlich hatte ich gedacht, dass ich so etwas nie wieder miterleben könnte. Ich hatte das für mich abgehakt. Aber Gott nicht!

Simone Heintze

Erkenntnisse aus der Werkstatt

Letzte Woche Montag hatte ich in der Stadt einiges zu erledigen. Wegen der sich anbahnenden Hitze will ich mein Auto während dieser Zeit auf einem kostenlosen Parkplatz im Schatten parken. Dort angekommen, stehen bereits mehr Autos dort als sonst. Der einzige freie schattige Platz ist dicht an Büschen und halb unter einem Baum. Um der drohenden Mittagshitze zu entgehen, habe ich wohl keine andere Wahl und stelle mich genau dort hin. Da ich nun auf der Fahrerseite nur sehr beengt aussteigen kann, nehme ich es sportlich und klettere über die Beifahrerseite aus dem Auto.

Als ich nach einigen Stunden wiederkomme, kann ich mein Auto nicht wie sonst mit der Fernbedienung öffnen. *Komisch*, denke ich und probiere es mehrmals, aber es tut sich nichts. Dankbar, dass sich die Fahrertür aufschließen lässt, gelange ich ins Auto und will starten. Doch es geht nicht. Kein Licht leuchtet auf, kein einziges Geräusch ist zu vernehmen – mein Auto ist wie tot. Auf meinem Handy sind nur noch ein paar Cent, die mich zweifeln lassen, ob es zum Telefonieren reicht, es ist heiß und ich bin zu erschöpft, um Hilfe zu holen. Ich schicke Stoßgebete zu Jesus, was ich nun tun soll!

Während ich grüble, warum mein Auto so plötzlich nicht mehr funktioniert, frage ich ihn auch danach. Da erinnere ich mich, dass ich morgens das Licht während der Fahrt angemacht hatte, weil mir andere Autos mit Licht entgegengekommen waren und ich dachte, es wäre besser, das auch zu tun. Mir wird klar, dass ich vergessen habe, das Licht wieder auszumachen, und dass der Alarm, der dann normalerweise angeht, nicht angeschlagen hat, weil ich durch die Beifahrertür ausgestiegen bin. Somit wäre die Batterie leer.

Etwas erleichtert darüber, dass es nur die Batterie ist, versuche ich, mit dem Handy Hilfe zu organisieren und sehe es als Bewahrung an, dass das spärliche Guthaben dafür noch genügt. Leider erreiche ich weder die Autowerkstatt noch Familie oder Freundinnen. Darauf folgt ein weiteres Stoßgebet mit der Bitte um Hilfe. Als ich dann meine Namensliste auf dem Handy weiter durchsehe, fällt mein Blick auf den Namen einer Freundin, die ganz in der Nähe wohnt und schon wähle ich ihre Nummer.

Zu meiner Überraschung habe ich aber ihren Mann am Telefon. Doch genau darin sehe ich meine Chance und erzähle ihm mein Problem. Er reagiert sofort sehr hilfsbereit. Nur ein paar Minuten später kommt er zu Fuß mit einem kleinen Start-Hilfe-Set für die Batterie. Nach einigen Versuchen ist der Anlasser wieder schwach zu hören, aber er will nicht wirklich starten. Gerade in dem Moment, als wir aufgeben wollen, ist er plötzlich wieder richtig laut zu hören und ich weiß: Jetzt kann ich wieder fahren! Ich staune dankbar, dass Gott die Hilfe, die er in seinem Wort zusagt, so schnell wahrgemacht hat.

Mein Pannenhelfer meint, ich müsste jetzt mindestens 20 Minuten fahren, damit die Batterie sich wieder aufladen kann, und auch mal etwas mehr Gas geben, um das Auto auf Touren zu bringen. In meinem Innern spüre ich, dass ich keine lange Strecke fahren möchte und schon gar nicht mit viel Gas. Eine Zeit lang habe ich sogar den Impuls, direkt zur Werkstatt des Automechanikers in meinem Wohnort zu fahren. Dann entscheide ich anders und biege mit gemischten Gefühlen auf eine lange gerade Strecke, um dem Rat zu folgen, den Motor einmal wieder auszufahren. Doch dieses Vorhaben scheitert am Verkehr vor mir. Ich beschließe, es auf dem Rückweg zu versuchen, doch da habe ich einen langsamen LKW vor mir. Das kommt mir komisch vor. Im Stillen frage ich mich, wieso Gott mir nicht freie Bahn gibt, wenn es für mein Auto besser wäre?! Doch andererseits habe ich Frieden in mir, nicht schnell zu fahren.

Zu Hause angelangt, hoffe ich, dass es trotz der niedrigen Geschwindigkeit ausgereicht hat, die Batterie aufzuladen. Darüber hinaus stört mich, dass die Warnlampe für die Batterie nun aufleuchtet – so, als wäre etwas nicht in Ordnung. Ich bedaure sehr, dass ich dies verursacht habe.

Im Laufe der Woche erfahre ich von meinem Sohn, dass er sich für die nächste Woche mein Auto für den Weg zur Arbeit ausleihen möchte, da seines in die Werkstatt muss. Mir kommt wieder der Gedanke, dass der hiesige Automechaniker das Auto überprüfen sollte, bevor mein Sohn es nimmt. Ich möchte ihm das Auto lieber geben, ohne dass Warnlampen aufleuchten. Doch wegen möglicher anfallender Werkstattkosten zögere ich.

In den nächsten Tagen kommen plötzlich seltsame Geräusche am Auto hinzu, die zwar wieder verschwinden, doch da mein Sohn das Auto fahren möchte, bin ich besorgt. Am Samstag habe ich eine Beunruhigung in mir, die mich veranlasst, Hilfe zu suchen. Ich möchte meinen Bruder bitten, mal nach dem Auto zu sehen. Doch auf der Suche nach ihm kommt mir ganz unerwartet der Automechaniker auf dem Gelände seiner Werkstatt entgegen. Die Werkstatt hat schon geschlossen, doch als ich ihn sehe, weiß ich sofort, dass ich ihn fragen soll, nicht meinen Bruder! So halte ich mit dem Auto an und wir verabreden einen Termin für die kommende Woche am Dienstag. Beim Wegfahren bin ich erleichtert, ich spüre, diese Begegnung war von Gott geführt.

Am Sonntag wird mir jedoch klar: Dienstag ist zu spät. Da braucht mein Sohn das Auto und das bekommen wir organisatorisch nicht geregelt. Ich bete und hoffe auf Gott, dass der Automechaniker am Montag Zeit hat. Als ich ihn Montagmorgen anrufe, vernehme ich dankbar seine Zusage: „Dann komm heute so gegen 16 Uhr!"

Da am Sonntag die Geräusche am Auto wieder verschwunden waren, äußere ich dies zuversichtlich, als ich in der Werkstatt ankomme. „Nur die Warnlampe leuchtet noch", informiere ich den Mechaniker. Doch ohne sich davon beeinflussen zu lassen, bittet er um den Schlüssel und fährt das Auto auf die Hebebühne. Beim Aussteigen bemerkt er sofort, dass der Wagen ausschlägt. Dann leuchtet er unter die Karosserie und ist fassungslos: Der linke Querlenker, der das Vorderrad in der Spur hält, ist total ausgeschlagen! Auf meine Frage, ob ich meinem Sohn am nächsten Tag das Auto dann nicht geben könne, meint er sehr eindringlich: „So würde ich nicht mehr fahren!" Er stellt mir die Gefahr vor Augen, dass sich mit diesem Schaden das Rad ganz lösen kann, und demonstriert mir, wie viel Spiel das Rad bereits hat – was nicht sein darf.

Ich bin tief betroffen, als ich die Bewahrung erkenne, die meinem Sohn durch diesen Werkstattbesuch zuteilgeworden ist. Plötzlich sehe ich mein Missgeschick mit der Batterie in einem anderen Licht. Ich bin auf einmal dankbar, dass mir das passiert ist – dass die Warnlampe aufgeleuchtet hat, denn sie hat mich auch in die Werkstatt geführt.

Als ich zwei Tage später das Auto wieder abholen kann, sagt der Automechaniker sichtlich betroffen, dass das Traggelenk für das Vorderrad schon so locker war, dass es zu Beginn der Reparatur von selbst herausgefallen sei. Er deutet nichts Gutes an, wäre mein Sohn am nächsten Tag mit dem Auto gefahren. Ich bin zutiefst bewegt, als ich das höre. Er hätte eine Wegstrecke von über 80 Kilometern vor sich gehabt. Ich kann nur ergriffen staunen und danken, wie Gott das Leben meines Sohnes bewahrt hat. Ich staune über seine Führung, vom letzten Montagmorgen bis hin zum souveränen Handeln des Automechanikers. Jetzt weiß ich, es war Gottes Bewahrung, dass ich auf der langen, geraden Strecke nicht so schnell fahren konnte – ich bin sprachlos. Alles hatte seinen Sinn.

Yvonne Völker

Viel zu spät und genau richtig!

Vor Kurzem musste ich für ein paar Tage ins Krankenhaus. „Ob du mich hier gebrauchen kannst, Herr?", betete ich. „Ich möchte doch so gern ein Licht für dich sein …" Meiner Bettnachbarin schien es sehr schlecht zu gehen. Meist lag sie mit geschlossenen Augen da. Wir sprachen so gut wie gar nicht miteinander. Manchmal betete ich im Stillen für sie und überlegte, wie ich ein Gespräch beginnen könnte. Doch obwohl es ihr nach einigen Tagen besser ging, fiel es mir schwer, einen Anfang zu finden. Der natürliche Zeitpunkt des „Kennenlern-Small-Talks" war vorbei, und wir hatten uns bereits an die Stille im Zimmer gewöhnt.

Am Abend vor meiner Entlassung telefonierte ich mit einer Freundin in Amerika. Nachdem ich das Gespräch beendet hatte, meinte meine Bettnachbarin plötzlich: „Sie haben in die USA telefoniert, nicht? Dorthin haben mein Mann und ich schon viele Reisen gemacht!" Und auf einmal fing sie lebhaft an zu erzählen: von einem wunderschönen Sonnenaufgang im Death Valley, von Sightseeing in New York, von den Bergen in Colorado. Nun war eine Verbindung zwischen uns da! Nach dem Abendessen fragte sie mich, ob sie einen Krimi im Fernsehen anschalten könne. Ich willigte ein, und so hatten wir später viel Spaß beim Rätseln, wer der Täter war. Als wir schließlich das Licht ausknipsten, beschloss ich, ihr zum Abschied ein christliches Buch und eine LYDIA-Zeitschrift zu schenken. Aber Gott hatte noch mehr vor.

Am nächsten Tag packte ich meine Sachen. Eine Kollegin wollte mich um zwanzig vor zwölf abholen. Gern wollte ich mich noch von meiner Bettnachbarin verabschieden, aber sie hatte ein längeres Gespräch mit einer Mitarbeiterin des

Krankenhauses. Traurig dachte ich, dass ich wohl keine Gelegenheit mehr haben würde für ein persönliches Wort. Dann kam mir eine Idee: Schnell nahm ich ein Blatt Papier und schrieb ein paar Zeilen für sie. Ich bedankte mich für die angenehme Gesellschaft, schrieb, dass ich für sie beten würde, dass Jesus meine Hoffnung sei und dass ich das auch ihr wünschen würde. Mit Stift und Papier fiel es mir leicht. Um zwanzig vor zwölf verließ die Mitarbeiterin unser Zimmer. Ich reichte meiner Bettnachbarin den Brief, in der Erwartung, jeden Moment abgeholt zu werden. Die Frau war sehr berührt. Ob es in Ordnung wäre, wenn sie den Brief erst später lesen würde, fragte sie. Und sie wolle sich noch für die angenehme Zeit bedanken, sie habe es so geschätzt, dass ich so ruhig gewesen wäre. Manche Menschen würden ja ständig reden… Innerlich musste ich lachen – ich hatte doch so nach Worten gerungen und nun war es genau richtig gewesen! Jetzt öffnete sie sich. Sie war krank. Sehr krank. Krebs. Aus medizinischer Sicht gab es keine Hoffnung auf Heilung.

In den folgenden vierzig Minuten hatten wir ein intensives Gespräch, in dem ich immer wieder auf Gott hinweisen konnte. Und meine Kollegin? Sie kam vierzig Minuten später als verabredet, sagte, sie sei einfach nicht weggekommen, aber sie hätte sich keine Sorgen gemacht, denn in der Vergangenheit hätte sie mehrfach erlebt: In solchen Fällen hat Gott noch etwas vor und braucht die Zeit!

Delia Holtus

Ein Leben gerettet – mitten im Schuhgeschäft

Eigentlich hatte ich keine Zeit. Im Wetterbericht war ein sonniger Tag angekündigt, der mich in den Garten zur Arbeit lockte. Doch vorhin hatte Lucie angerufen. Ich kenne sie seit einiger Zeit; in bestimmten Abständen besucht mich die junge Frau zum seelsorgerlichen Gespräch. Lucie hatte es in den letzten Jahren nicht gerade leicht gehabt. Die Suche nach dem richtigen Beruf gestaltete sich schwierig – doch nun hatte sie überraschend eine Zusage für die Ausbildung als Optikerin erhalten. Gleich morgen sollte sie zur Unterschrift des Lehrvertrags im Geschäft erscheinen. Riesenglück und Katastrophe! Denn Lucie brauchte dringend ein paar passende Kleidungsstücke. Nun hatte sie mich am Telefon zaghaft gefragt, ob ich mit ihr ins große Einkaufscenter fahren könnte, um sie bei der Auswahl typ- und stilgerechter Kleidung zu unterstützen. Ich überlegte nicht lange, schob die bereitstehenden Gummistiefel wieder in die Ecke und die geplante Gartenarbeit auf den nächsten Tag.

Es machte mir viel Spaß, Lucie immer wieder neu entdeckte Kleidungsstücke in die Kabine zu reichen, die sie dann mit sportlicher Geschwindigkeit anprobierte. Nach zwei Stunden intensiver Suche hatten wir es geschafft. Lucie freute sich mit erhitzten Wangen über drei wunderschöne Oberteile und zwei schicke, dunkle Hosen. Doch halt – gehörten da nicht noch ein Paar Schuhe dazu, die zur neuen Kleidung passen? Reichten die Kraft und der Geldbeutel auch noch dafür? Ja! Also auf ins nächste Schuhgeschäft!

Während meine Augen suchend die gefüllten Regale durchstreiften, fiel mein Blick auf einen Kinderwagen, der in meiner Nähe abgestellt war. Im Buggy erblickte ich die Beine und den Rumpf eines Kleinkindes, doch das Köpfchen wurde von einem übergroßen, stark gefüllten Einkaufsnetz, das vom vorderen Schiebegriff herabhing, verdeckt. Unmöglich, dass das Kind unter diesem riesigen Beutel ausreichend Luft bekam! Einige Schritte entfernt stand eine ältere Frau mit Kopftuch. Das musste die Betreuerin des Kindes sein, vielleicht die Oma. Aufgeregt winkte ich sie zum Kinderwagen heran.

Bereitwillig kam sie näher, schaute zum Buggy und meinte: „Kind schläft." Immer wieder zeigte ich auf den großen Beutel, in welchen eine Jacke und diverse Einkäufe gestopft waren.

„Ach so, danke", sagte die Frau. Anscheinend verstand sie meine Sorge und zog das dicke Einkaufsnetz weg vom Köpfchen des kleinen Mädchens. Das Kind war ungefähr eineinhalb Jahre alt und hatte schöne, dunkle Haare. Erneut antwortete mir die Dame in einer freundlichen, ruhigen Art: „Kind schläft."

Doch ich erschrak. Das Mädchen lag leichenblass mit weit überstrecktem Kopf und geschlossenen Augen da. In mir überschlugen sich die Gedanken. So konnte kein friedlich schlafendes Kind aussehen! Aufgeregt forderte ich die Frau auf, das Kind aus dem Buggy zu nehmen. Doch sie verstand mich nicht. Energisch zeigte ich ihr mit einer Armbewegung, dass sie sofort das Mädchen aus dem Wagen nehmen sollte. Endlich! Sie hatte verstanden und nahm das Kleinkind hoch. Doch es war sofort zu sehen, dass das Mädchen über keinerlei Körperspannung mehr verfügte, schlaff auf dem Arm hing und einfach nicht wach werden wollte.

Mir schossen Gedanken durch den Kopf: *Wann nehme ich ihr das Mädchen aus den Armen und beginne mit Beatmung und Herzdruckmassage? Darf ich das oder macht die Frau dann Ärger?* „Herr, bitte greife ein und hilf!", schrie ich innerlich. Ich bemerkte, dass die ältere Dame sehr leise auf das Kind einsprach, und vermutete, dass sie kein Aufsehen im Geschäft erregen wollte. Dann kam eine jüngere Frau hinter einem Regal hervor, die wohl eine Bekannte der Dame war und ihr Einreden auf das Kind gehört hatte. Ängstlich hatte sie das Geschehen von der Seite verfolgt und versuchte nun, in ihrer Landessprache der Frau Ratschläge zu geben. Nach kurzem Wortwechsel der beiden unternahm die Betreuerin des Kindes den Versuch, es auf die Füße zu stellen. Mit vor Schreck geweiteten Augen sah ich, wie das kleine Mädchen trotz haltender Hände in sich zusammensackte.

Wie lange ging dieses Drama nun schon? Für mich fühlte es sich an, als ob die Zeit stehen blieb. Doch es musste jetzt endlich etwas geschehen! Was sollte ich nur tun? Noch immer hielt die Frau das kleine Kind fest in ihrem Arm und versuchte fieberhaft, es aufzuwecken. Wie viele Minuten waren inzwischen schon vergangen und wie lange hatte das Kind wohl schon vorher im Buggy ohne Luft zum Atmen gelegen? Wie ernst war die Situation?

Ich bestürmte den Himmel und betete halblaut zu Jesus, dass er eingreifen möge. Ich legte dem Mädchen die Hand auf das dunkle Köpfchen, das matt auf der Schulter der hilflosen und nun völlig verängstigten Frau lag. Mir war in diesem Moment egal, was die Menschen um mich herum dachten. Plötzlich öffneten sich für einen kurzen Moment die dunklen Augen des Mädchens, aber dann fielen sie in dem immer noch bleichen Gesichtchen wieder zu. Ermutigt betete ich weiter um das rettende Eingreifen Jesu und beachtete meine Umgebung im Laden nicht mehr.

Nach kurzer Zeit, die mir jedoch endlos lang erschien, kam wieder Leben und Bewegung in den kleinen Körper des Kindes; es richtete sich aus seiner schlaffen Haltung auf und blickte uns mit großen, erstaunten Augen an. Ich nahm in seinem Gesichtchen ein Erwachen aus einer tiefen Benommenheit wahr, als würde das Kind vorsichtig und langsam in die Realität zurückkehren. *Wo bist du mit deiner Seele gewesen, du kleines Geschöpf? Was hast du vielleicht schon gesehen, was wir nicht erahnen können?*, fragte ich mich im Stillen.

In mir brach Jubel aus: „Herr, wie gut bist du! Du hast jetzt und hier wirklich eingegriffen! Danke, danke, danke!" Mir schossen die Tränen in die Augen und mein Herz floss über vor Dankbarkeit. „Herr, du hast ein Wunder getan! Hier und jetzt – mitten im Schuhgeschäft! Du hast dieses kleine Mädchen wieder aufgeweckt! Wie soll ich dir danken?" Die Frau mit dem nun erwachten Kind strahlte mich erleichtert an und flüsterte immer wieder: „Danke, danke …" Welche Angst hatte sie wohl ausgestanden? War ihr während des dramatischen Geschehens bewusst geworden, dass das Kleinkind durch ihre Unachtsamkeit hätte ersticken können? Dankbare Augen der zwei Frauen blickten mich noch einmal an, ehe sie mit dem Mädchen auf dem Arm zum hinteren Regal gingen. Im Vorbeigehen flüsterten beide noch mal ein Dankeschön.

Ich stand wie angewurzelt da und konnte immer noch nicht ganz fassen, was soeben passiert war. Und ich war froh, dass Lucie, die von alledem nichts mitbekommen hatte, in der Zwischenzeit ein Paar passende Schuhe gefunden hatte. Bevor wir den Laden verließen, drängte es mich, noch einmal nach dem Kind im hinteren Ladenbereich zu schauen, um mich zu vergewissern, dass alles in Ordnung war. Die zwei Frauen winkten mir schon von Weitem zu und sagten leise: „Alles gut!" Das Mädchen lag wieder in seinem Wagen, diesmal aber mit ausreichend Platz und Luft zum Atmen. Erleichtert nickte ich ihnen zu und dankte mit immer noch klopfendem Herzen Gott, dass er eben so mächtig und wunderbar eingegriffen hatte.

Glücklicherweise war der Schuhkauf die letzte Station auf unserer Shoppingtour gewesen. Ich war von dem Geschehen so beeindruckt und erfüllt, dass ich für weitere Einkäufe nicht mehr in der Lage gewesen wäre.

Und doch fragte ich mich auf dem Heimweg, ob ich alles richtig gemacht hatte. Warum hatte ich den beiden Frauen nicht klar und deutlich gesagt, dass gerade ein Wunder geschehen war und Jesus das Kind ins Leben zurückgebracht hatte? Wo war mein Mut zum lauten Bekenntnis gewesen? Vielleicht hatte ich nicht perfekt reagiert, aber Jesus war da gewesen – und hatte perfekt gehandelt. Er hatte eingegriffen, geheilt und wiederhergestellt. Er wollte, dass dieses Kind lebt. Er wollte, dass ich an diesem Montag im Schuhgeschäft war. Er, der vollkommen und gut ist, kann auch durch unser nicht immer perfektes Handeln großartige Dinge tun.

Als ich später diese Geschichte meiner Tochter erzählte, die als Ärztin in einem Krankenhaus arbeitet, schaute sie mich mit großen Augen an: „Mutti! Das ist ein Wunder! Weißt du, dass dieses Geschehen einen ganz anderen Ausgang hätte nehmen können?" Ich nickte und wollte mir diesen anderen Ausgang gar nicht erst vorstellen. Meine Tochter glaubt genauso an die Kraft des Gebetes und dass Jesus auch heute noch Kranke heilen und Gebundene befreien kann. Trotzdem musste ich mir eine ernste Ermahnung von meiner Medizinerin anhören: „Mutti, wenn wieder einmal so etwas passiert und ein Mensch bewusstlos oder schwer verletzt ist, dann rufe sofort laut in deiner Umgebung um Hilfe! Beauftrage den Nächsten in deiner Nähe, dass er mit dem Handy den Rettungswagen ruft, und dann beginne bei Bedarf mit Herzdruckmassage." Oh ja, es hätte anders ausgehen können. Ich nahm mir vor, sobald wie möglich meinen Erste-Hilfe-Kurs wieder aufzufrischen.

Ich begann diese Geschichte mit „eigentlich". Ja, eigentlich wollte ich an diesem Tag etwas ganz anderes tun. Doch Gott hatte es besser gewusst.

Christina Gaudlitz

Dankbarkeit und Vertrauen

Als mein Mann und ich heirateten, wünschten wir uns Kinder, am liebsten viele. Da ich in einem pädagogischen Beruf arbeite, freute ich mich sehr auf eigene Kinder. Doch leider vergingen die Jahre und dieser Wunsch erfüllte sich nicht. Das traf mich sehr, da ich Kinder einfach mag. Es fiel mir zunehmend schwerer, mich aus tiefstem Herzen über die Geburten im Verwandten- und Freundeskreis mitzufreuen, und ich fühlte mich wie ein Vogel ohne Flügel. In diesem Punkt konnte ich Gott überhaupt nicht verstehen und mein Vertrauen in ihn war erschüttert. Gleichzeitig fragte ich mich, ob ich ihm nur vertraute, wenn in meinem Leben alles glatt lief?

Mein Mann konnte mit der ganzen Situation viel besser umgehen und er tröstete mich oft. Mit den Jahren zog ich mich innerlich immer mehr zurück und konnte über meinen Schmerz mit niemandem reden außer mit meinem Mann. Manchmal hatte ich den Eindruck, dass ich mich in meiner Persönlichkeit veränderte und in eine depressive Richtung entwickelte. Das bereitete mir Sorgen, und gleichzeitig war ich nicht fähig, es zu ändern. Ich konnte mit meinem Kinderwunsch einfach noch nicht abschließen, obwohl ich wusste, dass es für meine Seele wahrscheinlich besser wäre.

Zu diesem Zeitpunkt begleitete ich meinen Mann auf einer Geschäftsreise nach München. Im Deutschen Museum war mir immer wieder übel, und ich musste auf einer Sitzbank ausruhen, auch fiel die geplante Shoppingtour durch München wegen Übelkeit aus. Da ich gleichzeitig starke Bauchschmerzen hatte, setzte ich mich damit auseinander, welche schlimme Krankheit ich wohl haben könnte, und suchte nach der Kurzreise einen Arzt auf.

Es stellte sich heraus, dass ich schwanger war und eine Blasenentzündung hatte (zum ersten Mal in meinem Leben). Ich konnte es kaum glauben, dass sich mein Traum von einem Kind doch noch erfüllen sollte, und war überglücklich. Mein Mann war völlig aufgelöst und freute sich unendlich über diese gute Nachricht. Die ganze schwere Last der vergangenen Jahre fiel von meinen Schultern und ich war Gott für dieses Wunder so sehr dankbar und gleichzeitig beschämt über mein mangelndes Vertrauen.

Nach der ersten Phase der Schwangerschaft, in der es mir immer wieder sehr schlecht war, verlief sie unkompliziert und wir freuten uns riesig auf unser Baby.

Ein paar Wochen vor der Geburt suchte mein Mann seinen Hausarzt wegen Magen-Darm-Problemen auf. Dieser schickte ihn sofort zur Darmspiegelung.

Genau sechs Tage vor der Geburt kam mein Mann mit der Nachricht nach Hause: „Ich habe Darmkrebs." Es zog uns allen den Boden unter den Füßen weg, und wir wussten nicht, wie es weitergehen sollte. Nach dieser Nachricht konnte ich keine Nacht mehr schlafen und die Sorgen und Ängste wurden immer größer. Leider war ich nicht die „Glaubensheldin", die ich in dieser Situation gerne gewesen wäre, und ich konnte Gott einfach nicht verstehen. Wieder drangen gut gemeinte Worte nicht zu mir durch, es erreichte mich nur noch, wenn jemand versprach, für uns zu beten.

Zum Glück konnte mein Mann nach einigem Hin und Her bei der Geburt unseres Sohnes dabei sein. Sie verlief unproblematisch und für eine ältere Erstgebärende relativ schnell. Wir hielten unser „Wunder-Baby" im Arm und waren dankbar und glücklich. Wieder zu Hause versorgte ich unser Kind, während bei meinem Mann das ganze Programm der Krebstherapie mit Chemo, Bestrahlung und Operation begann.

Trotz seiner Krankheit hatte er sein tiefes Vertrauen in Gott nicht verloren und kämpfte sich tapfer durch die Behandlungen. Seine Art, seinen Glauben in dieser schweren Zeit zu leben, war und ist mir auch heute noch ein großes Vorbild.

Er verlor viel Gewicht und es war ein Auf und Ab. Keiner konnte uns sagen, ob er es schaffen würde. Wir erhielten viel Unterstützung von unseren Familien und Freunden. Nach eineinhalb Jahren hatte es mein Mann einigermaßen gut überstanden und konnte mit der schrittweisen Wiedereingliederung ins Berufsleben beginnen. Inzwischen sind zehn (!) Jahre ohne Rückfall vergangen, ein weiteres großes Wunder, das wir erleben durften.

Im Nachhinein weiß ich, dass uns die Gebete vieler Menschen durchgetragen haben. Ohne diese Gebete hätten wir es nicht geschafft, zugleich das schönste und schwierigste Erlebnis unseres bisherigen Lebens zu verarbeiten.

Inzwischen weiß ich, dass das Vertrauen in Gott mein Lebensthema bleiben wird und ich immer wieder dazulernen darf und will. Gott gegenüber ist eine große Dankbarkeit geblieben, an die ich mich immer wieder erinnere, wenn ich in das Gesicht meines Sohnes und meines Mannes schaue.

Sandra Fischer ist ein Pseudonym.

Der Anruf

„Wer möchte, kann nun nach vorn kommen und erzählen, was er mit Gott erlebt hat." Das waren früher die Augenblicke im Gottesdienst, in denen ich auf meinem Stuhl ganz klein wurde und plötzlich etwas höchst Interessantes auf dem Boden entdeckte. Der Gottesdienstleiter ließ seinen Blick durch den Raum schweifen, geduldig darauf wartend, dass jemand auf die Bühne kommen würde. Sobald eine Stimme zu erzählen begann, hatte ich das Interesse am rätselhaften Bodenbelag sofort verloren und lauschte gespannt den Worten, die durch den Raum klangen. Ich staunte über die unglaubliche Kraft hinter Gottes Handeln und die vielfältigen Möglichkeiten, wie er Wege bereitet, damit sein Wille geschieht. Doch gleichzeitig ertönten Fragen in meinem Kopfradio: *Wieso erlebe ich so etwas nicht? Glaube ich nicht genug? Höre ich nicht richtig hin? Herr, wo sind denn die unglaublichen, spektakulären, „im-Gottesdienst-erzählreifen" Begegnungen mit dir?* Es brauchte nur eine winzige Begebenheit, einen Anstupser von Gott, um meinen Blick zu korrigieren.

An einem Nachmittag saß ich in meinem Zimmer und versuchte, mich im Gebet zu konzentrieren, um auf Gottes Stimme zu hören. Ich bemerkte aber, dass ich nicht ganz bei der Sache war. Immer wieder kam mir eine Freundin in den Sinn, die ich schon seit Längerem nicht mehr gesehen hatte. Sie hielt meinen Glauben an Jesus für einen Wahn, der sich hoffentlich bald wieder legen würde. Mir schoss durch den Kopf, dass ich sie mal wieder anrufen könnte. *Gerade habe ich keine Zeit*, dachte ich, *später vielleicht. Außerdem wundert sie sich bestimmt, dass ich mich so lange nicht gemeldet habe. Das könnte unangenehm werden, ich lasse es lieber.* Stattdessen versuchte ich, mich wieder ins Gebet zu vertiefen. Es dauerte aber nicht lange, da kreisten meine Gedanken wieder um diese Freundin. Es hatte wohl keinen Zweck. Ich gab mir einen Ruck und rief sie an.

Meine Freundin war tatsächlich verwundert, meine Stimme zu hören. Da ich nicht wusste, worüber ich mit ihr reden sollte, fragte ich erst einmal, wie es ihr gerade ging. Es folgte eine lange Stille. Dann hörte ich einen tiefen Seufzer und es war, als fühlte ich ihre stummen, heißen Tränen an meinen eigenen Wangen hinunterrollen. Kurzerhand entschloss ich mich, bei ihr vorbeizufahren. *Für Gottes Wirken kann ich später noch beten, vielleicht kann ich mich dann besser konzentrieren*, dachte ich noch, bevor ich die Haustür hinter mir zuzog.

Ich hörte meiner Freundin zu, schwieg mit ihr, weinte mir ihr. „Wieso hast du mich eigentlich angerufen?", fragte sie mich, als wir uns verabschiedeten. Ich musste ihr ehrlich gestehen, dass ich mir nicht sicher war. „Wie meinst du das?" Sie sah mich fragend an. „Dein Name schwirrte in meinem Kopf umher, wie eine innere Stimme." Ich sah ihr an, dass sie kein Wort verstand. Ich dagegen verstand plötzlich – als wäre mir eine Augenbinde vom Gesicht gerissen worden. Ich nahm meinen ganzen Mut zusammen und sagte: „Ich weiß, es hört sich vielleicht seltsam an, aber ich habe das Gefühl, dass Gott dich heute nicht allein lassen wollte." An diesem Abend hörte ich keinen spöttischen Kommentar. Sie nahm mich einfach in den Arm und drückte mich fest an sich.

Dieses Erlebnis hat mir etwas Wichtiges gezeigt: „Gott spricht immer wieder auf die eine oder andere Weise, nur wir Menschen hören nicht darauf!" (Hiob 33, 14). Gott ist mir immer nah, es bedarf keiner spektakulären Begegnung mit ihm. Natürlich gibt es die auch. Doch oft sind es nur kleine Fingerzeige. Die Kunst ist, mit dem Herzen Ausschau nach ihnen zu halten.

Nicole Schmidt

Hilf mir,
deine Weisungen zu verstehen,
damit ich über deine

Wunder

nachdenken kann.

Psalm 119,27

MEINE *Wunder* MOMENTE

_____

_____

_____

_____

_____

_____

_____

_____

_____

_____

_____

2. Auflage 2022
Bestell-Nr. 817735
ISBN 978-3-95734-735-0
Umschlaggestaltung: Hanni Plato
Satz: Uhl + Massopust, Aalen
Druck und Verarbeitung: L.E.G.O. S.p.A.
Nachdruck, auch auszugsweise, nur mit Genehmigung des Verlages.

Printed in Italy